JN409907

님

님

정연홍 지음

도서출판 말씀

님

초판 1쇄 2006년 10월 20일

지은이 | 정연홍(www.jeongsomoon.com)
펴낸이 | 유화선
사진 편집 디자인 | 편집기획실

펴낸곳 | 도서출판 말씀
등록 | 204-91-88718
주소 | 서울시 중랑구 중화1동 148-46
전화 | (02)433-9033 팩스 | (02)433-9033
홈페이지 | www.malsseum.com
메일 | malsseum@malsseum.com

한 평생
한 분께
한 노래를
바칩니다

| 저자의 말 |

한 처음에
시가 있었습니다

저는 아직까지 하나님 보다
더 아름다운 시인을 알지 못합니다.

성경보다 더 완전한 시도 알지 못합니다.

제 시는
주님의 입김을 더 많이 담고 싶어
시 마다 말씀을 풀었고

시 한 수 한 수를 기도로 지우고 고치며
한 분 뿐이신 님을 찾아가는 긴 여정입니다.

제 1부는 서정시로
제 2부는 산문시로
제 3부는 이야기가 있는 시로

순결한 말씀의 등불로
서정성을 잃지 않으며
한 걸음 한 걸음 걸었습니다.

님의 시와 지점토는 저의 작품이고
편집과 디자인과 그림은

유화선 발행인의 작품입니다.

씨실과 날실처럼
두 사람이 한 맘으로 엮어서
하나님께 드리는 제물입니다.

돌아 보면
발자욱 마다 알알한 그리움이었습니다.

님은 시고
시는 님께 이르는 험난한 길이었습니다.

서평을 써 주신 두 분 시인께 출렁이는 감사를 드립니다.

시의 뼈대와 울림이 가슴을 흔드는
김상길 시인의 글은
천 길 물 속에서 길어 올린 맑고 깊은 외침입니다.

제 시를 하나로 엮어주신
이영지 시인의 글은
아침 이슬에 취한 싱그러운 장미꽃입니다.

읽는 분 마다
님의 아름다운 얼굴과 만나게 되기를 기도합니다.

2006년 그리움이 여무는 가을에

| 차례 |

□

사랑의 힘

님

귀 향

서 평

하나님은
사랑이시라

사랑의 힘

영원한 사랑으로 얻은 영원한 생명

진주

어찌 진주처럼 아름다운 것이 있으랴
맑고도 빛나는 우아함의 극치가 아니던가

허나
진주는
고통의 늪에서 숨쉬고
고통의 눈물로 맑아지고
고통의 용광로에서 빛이나지 않던가

나의 고통이
그 분의 고통으로 녹아드는
그 시련 속에서 온전해지고
그 침묵 속에서 견고해지니

진주는
고통과 싸우는 것이 아니라
기도와 싸우는 것이고

고통의 너울을 쓰고 오는

님의 얼굴이었더라

□왕이 이르되 주께서 너를 돕지 아니하시면
내가 무엇으로 너를 도우랴 (왕하6:27)

눈물 강으로 헹군 얼굴

천형의 시인

당신은
사랑 덩어리
핏 덩어리

머리 위에서 부터 발 끝까지
사랑은 고통

우러러 당신을 뵈올 때
내 혀는 마비됩니다

당신은 타고난 시인

피로써 시를 쓰시는
천형의 시인이십니다

□몰약을 탄 포도주를 주었으나
예수께서 받지 아니하시니라(마가15: 23)

피로 시를 쓰는 시인

섣달 그믐날

섣달 그믐은
엄마의 얼굴이 뭉게뭉게 피어나
그리움에 목이 메이는 날

내 색동의 세월
섣달 마지막 날이면
방앗간의 긴 줄에 끼어
발을 동동거리다가 차례가 오면
얼굴에 꽃물 들고

김이 무럭무럭 나는 가래떡을 뽑아
큰 다라에 이고 나오는 엄마를 따라
겉잡을 수 없는 하얀 기쁨을 펄펄 날리던
어리던 날

이제는
눈이 진무르도록 기다려 줄 엄마도
흰 가래떡 뽑을 일도 없지만
엄마 나신 섣달 그믐날

엄마 산소에 올라 내려다 보면
태어난 곳으로 돌아가는 연어떼같이
강물을 따라 귀성 차량이 꼬리에 꼬리를 물고
밤새도록 엄마에게로 이어지는 탯줄을 보면

언 땅도 발 시럽지 않아

일 년 중 가장 따뜻한 밤
주님도 정겨운 사람 보고파
눈꽃에 젖어 내려 오실 것만 같아
눈부신 님의 땅에서
긴 긴 기도줄 따라
밤을 새우네

□꿈을 꾸었다 그가 보니 땅 위에 사닥다리가 세워졌는데
그 꼭대기가 하늘에 닿았고 하나님의 천사들이 그 위로 오르락
내리락 하고 있었다(창28:12)

사랑의 힘

사랑은
사랑하는 님을 위해
나를 줄 수 있는 것

내 살을 떼어 그를 먹이고
내 물을 빼서 그를 축이고
내 피를 뽑아 그를 살리는 것

사랑은
사랑하는 님을 위해
내가 죽을 수 있는 것

속살같은 수치심이 채찍에 맞고
심장같은 자존심이 대못에 박히고
머리같은 신앙심이 가시관에 피흘리는 것

사랑은
사랑하는 님을 위해
나를 버릴 수 있는 것

나는 찔리고 허물어진 후
그 분만이 가득해
그 안에서 내가 다시 살아나는 것

□내가 내 목숨을 버리는 것은 그것을 내가 다시 얻기 위함이니
이로 말미암아 아버지께서 나를 사랑하시느니라(요10:17)

돌들의 함성

주님은
절망과 분노의 정치범 수용소에서
밟히고 찢기고 있는데

푸른 초장 맑은 시냇가의 골프장에서
그 분의 안식을 취하지 말라

주님은
헐벗고 굶주린 아이들의 마른 갈대숲에서
밤새도록 온 몸이 울어 소금국인데

'식견 있는 믿을만한 지도자' 의 황금식탁에서
그 분의 일용할 양식을 구하지 말라

주님은
별도 눕는 죽음의 땅에서 공개처형으로
다시 십자가에 못 박히고 있는데

달러로 유지되는 남북정상회담에서

그 분의 평화를 꿈꾸지 말라

주님은
자신의 몸이 다 해지도록
한 마리 잃은 양을 찾는데

삼백만의 동족이 굶어 죽어도 침묵하는 정권에서
그 분의 인권을 바라지 말라

□만일 이 사람들이 침묵하면
돌들이 소리지르리라(눅19:40)

빈 자리에 충만이

사람 떠난 자리
사람이 채운다지만

누구도 채울 수 없는
어머니의 빈 자리

아무도 채울 수 없는
자식의 빈 자리

부모가 죽으면
산에 묻고

자식이 죽으면
가슴에 묻는다지만

부모도
자식 마음 여린 곳에 묻히더이다

그 분 만이

불타는 사랑 끌어 안고
무덤에서 나올 수 있어

사랑 속에 죽음이 살듯이
죽음 속에 사랑이 살더이다

□ "죽음아, 네 승리가 어디 있느냐?
죽음아, 네 찌르는 것이 어디 있느냐?" (고전15:15)

여인은
물길

생명의 물이 흐르는 길

여인은
생명수를 길어 올려
목마름을 채워준다

생명의 강가에
부드럽게 스미어
영혼을 축여준다

여인이 물길을 흐리면
세상은 시궁창이 되고

여인이 물길을 맑히면
태의 열매는
영혼을 낚는 어부가 된다

모세를 받아낸 강물도 여인
예수를 길러낸 바다도 여인

님의 발을 씻은 눈물도 여인

가지마다 이파리까지
서서히 물을 끌어올려

늘 푸르고 실한 열매 맺는
시냇가에 심긴 나무도 여인

여인은
님의 물길

□그는 시냇가에 심어진 나무가 철따라 열매 맺으며
그 잎이 마르지 아니함 같으니 그가 하는 일마다 번성하리라
(시1:3)

시를 위한 기도

詩業은
神業인데

무엇으로 시를 쓰리이까

말씀은
님의 마음인데

무엇으로 시를 쓰리이까

말씀은 님의 숨인데

무엇으로 시를 쓰리이까

말씀으로
당신의 심중을 읽고

말씀으로
당신의 숨소리 돌면

말씀으로
시를 쓰게 하소서

□그 말씀은 하나님이셨다(요1:1)

기도로 마름질하는 시

호산나! (1)

당신의
예루살렘 입성은
숨막히는 아름다움이었습니다

당신은
온유와 겸손을 입으시고
구원을 선물로 베풀며

말 대신 나귀를 타고
칼 대신 종려가지를 흔들며
나팔 소리 대신 민중의 환호 속에
적지의 요새로 유유히 오셨습니다

당신은
붉은 양탄자 대신 겉옷을 펼친 빈자의 왕으로
전쟁의 왕 대신 평화의 왕으로
군사를 거느린 왕 대신 두려움 없는 왕으로
원수들의 아성으로 당당히 오셨습니다

호산나!

당신이 타고 오신
어린 나귀처럼

아무에게도 바쳐본 적이 없는
순결한 마음을
당신 발 아래 깔고

순전한 언어로 쓴
알 알 이 붉은 시를
한 가지 한 가지 엮어

한 다발의 노래로 펼치오니
찬양의 꽃가지를 밟고 가소서

□...아직 아무도 타 본 적이 없는 나귀 새끼가 매여 있는 것을 보리니 풀어 끌고 오라(눅19:30)

(1) '호산나' 는 히브리어 '지금 구하소서' 의 뜻인데 우리 말로는 '만세' 처럼 쓰임

신비

아버지를 마음에 품었더니
내 가슴이 넓어지고

엄마를 등에 업었더니
내 짐이 풀리네

형제의 목마름을 적셨더니
내 갈증이 가시고

자매의 상처를 보듬었더니
내 고통이 사라지네

구원받은 우리는

줌으로써 받고
도움으로써 실해지고
죽어서 살고
십자가로 영원히 사네

□그가 징계를 받으므로 우리는 평화를누리고
그가 채찍에 맞으므 로 우리는 마음을 받았도다 (이53:5)

님의 고통에서 나의 아픔을 고치고
님의 눈물에서 나의 슬픔을 말린다

하나

님의
말씀에
마음을 뎁히니
시가 흐르고

님의
말씀에
시를 뎁히니
마음이 흐르네

말씀으로
함께 흐르는
시와 마음

우리는 하나 이어라

□나와 아버지는 하나(요10:30)

말씀을 묵상하는 사람은 님의 생각과 하나
정의를 이루는 사람은 님의 뜻과 하나
자비를 베푸는 사람은 님의 마음과 하나

아름다운 선물

빛으로 그리는 무지개는
세상의 눈물
모으고 또 모아서
쏟아 붓는
천둥 소나기의 선물

빛으로 읽는 조가비는
들고 나는 시련 속에서
씻기고 또 씻기며
나이테를 두르는
거센 파도의 선물

빛으로 말하는 진주는
입에 물린 재갈로
아픔을 참고 또 참아
눈물로 엉그는
병든 조가비의 선물

빛이신 예수는

세상의 죄로

채찍에 맞고 또 맞고

대못에 찔리고 또 찔리며

천지를 끌어 안고 통곡하신

피빛 하나님의 선물

□하나님이 세상을 이처럼 사랑하사 독생자를 주셨으니 이는 저를
믿는 자마다 멸망하지 않고 영생을 얻게 하려 함이라(요3:16)

詩 마을

詩 마을이 있다면

아침에는
기도로 밭을 갈고
말씀으로 씨를 뿌리리라

점심에는
예수님의 심오한 산상수훈으로
깊이 뿌리를 내리고
널리 가지를 치리라

저녁에는
다윗의 시편으로
잎이 무성하고
숲이 울창하리라

밤에는
하늘에서 내리는 이슬비를 맞으며
솔로몬의 상사화를 피워내리라

"사랑으로 병든 이몸이오니
건포도로 내게 힘을 주시고
사과로 나를 회복시켜 주소서"(아가2:5)

말씀을 한 줄기만 솎아내도
사모하는 마음만 부어주면
밤을 설치며 별들이 읽고

동이트면
그리움에 묵은 시를
비둘기들이 음미하리라

천직

님이여,

푸른 그리움이
흰 재가 되기까지
당신을 노래하리니

나를 고쳐주소서

당신은 나의 찬송이시나이다

님이여,

꽃같은 살이
숯덩이 되기까지
당신을 사랑하리니

나를 살려주소서

당신은 나의 심장이시나이다

님을 사모하는 것
시를 회임하는 것

이것 밖에 할 수 있는 게 없고
이것 밖에 행복한 게 없나이다

□주여, 나를 고쳐주소서, 내가 낫겠나이다,
나를 살려주소서, 내가 살겠나이다;
당신은 나의 찬송이시나이다(렘17:14)

고향 길

제가 낳은 곳으로 돌아가는 길을
강물이 굽이 굽이 안고 간다

마음의 흐름을 따라가는 길을
추억이 가물 가물 앞서 간다

엄마와 함께 젖으며 가던 길을
피와 살이 다독 다독 달래며 간다

한 생을 다하고 혼자 가는 길을
님이 자분 자분 일러주며 간다

□만일 그들이 떠나온 곳을 고향으로 생각했었다면
그리로 돌아갈 기회가 있었으려니와(히11:15)

아버지의 영토

戰士

천지의 주인이신
하나님의 아들이

돈이 피보다 진한 세상에
하나님의 어린 양으로 오셨고

하나님의 것을 도적질하는 세상에
하나님의 청빈한 청지기로 오셨고

승리를 위해서는 우상 앞에서도 절을 하는 세상에
하나님만을 경배하기 위해서 오셨고

위선과 가식으로 화장한 세상에
하나님의 벌거벗은 아기로 오셨고

시퍼렇게 칼을 가는 세상에
하나님의 사랑을 무기로 싸우러 오셨으니

천년의 세월을 거듭 돌아

영원부터 영원까지
보이는 곳에서 부터 보이지 않는 곳 까지

온 세상이 그 분께 무릎을 꿇고
온 백성이 그 분께 찬양을 드린다

세상은
사랑의 심연을 흘러나와야
그 분의 발 아래 이를 수 있고

사랑은
영원히 고갈되지 않는 힘이다

님은 내 안에

아기 예수 내 품에 모신 후

마굿간 같은 내 몸이 성전이 되고
구유 같은 내 맘이 지성소가 되니

내가 무엇을 바리리요

주 내 골수에 말씀으로 계시니

병 그릇 같은 내 몸이 생명체가 되고
흙 그릇 같은 내 맘이 보배함이 되니

내가 무엇과 바꾸리요

주 내 심장에 사랑으로 계시니

사막 같은 내 몸이 시집이 되고
섬 같은 내 맘이 기도실이 되니

내가 누구를 부러워하리요

□보라 처녀가 잉태하여 아들을 낳을 것이요
그의 이름을 임마누엘이라 하리라 하셨으니
이를 번역한즉 하나님이 우리와 함께 계시다 함이라 (마1:23)

세족

神이
사람의 발을 씻음은
우리로 냉담에서 벗어나
사랑으로 살게 하심이고

主가
종의 발을 씻음은
우리로 교만에서 벗어나
겸손으로 살게 하심이고

義人이
죄인의 발을 씻음은
우리로 죄에서 벗어나
의로 살게 하심이며

선생이
제자의 발을 씻음은
우리로 말에서 벗어나
실천으로 살게 하심이니

사랑은 말이 아니라 침묵이리
사랑은 군림이 아니라 섬김이리

□내가 주와 또는 선생이 되어 너의 발을 씻었으니
너희도 서로 발을 씻어 주는 것이 옳으니라 (13:14)

축복

내게 주신 하나님의 축복 중에서
가장 큰 복은 믿음의 아들이다

어디가서 이런 아들을 구할 수 있으랴
온 세상을 다 뒤져도 이런 사람은 없다

그는 마음이 따뜻하고 생각이 깊다

상대의 눈물을 보기 전에
그 아픔을 읽어 주고

상대의 통곡을 듣기 전에
그 가슴을 헤아린다

남의 흉 볼 줄 모르고
싸울 줄도 모른다

언제나 오른 손이 하는 일을
왼 손이 모르게 도와 주고

장미꽃처럼 노른자 위에서 낯 내지 않고
안개꽃처럼 흰자 위에서 땀 흘린다

실력이 있어도
나서지 않고

재주가 많아도
드러내지 않는다

사람 많은 낮에는 몸을 감추고
밤에만 닳도록 불 밝히는 별처럼

밝은 눈으로 볼 때
그의 지혜는 총총히 빛나고

그의 정직과 성실은
은하수처럼 조용히 흐른다

축복이란

돈에 눈 먼 사람들과 합세하여
많은 것을 움켜쥐고 요령있게
법의 그물을 빠져나가는 데 있는 것이 아니라

곁에 주신 진실한 사람과 합심하여
영원한 분의 법을 이루어가는 데 있음을
내 아들을 통해서 배웠다

누가 하늘의 그물을 벗어날 수 있으랴

□그 행실이 깨끗하고, 주님의 법대로 사는 사람들은
복이 있음이여(시119:1)

아들아, 너와 나 사이에는 님의 눈물이 함께 했구나

아름다움

아름다움은
하나님이 지으신 것을
뜯어 고치는 데 있는 것이 아니라
가꾸고 다듬는 데 있다

창조주의 영이
피조물 속으로 들어가
역사할 수록
아름다움은 깊어지고
힘을 발한다

□존귀와 위엄이 그의 앞에 있고
힘과 아름다움이 그의 성소에 있다(시96:6)

님이 머무시는 식탁

부에 길들은 일본인 요리사가

세계적인 음식이 맛이 있는
절대 권력자를 위하여

이란과 우즈베키스탄의 진귀한 철갑상어 알 찌고
덴막의 질 좋은 불고기 재고
일본의 희귀한 다랑어와 동경산 쑥떡 펴고
체코의 차가운 생맥주 따르고
우르무치의 탐스런 멜론과 포도 담고
태국과 말레이지아의 도도한 두리안과 파파야와 망고를
놓아

잘 차린 으리으리한 수라상은
님께서 써늘히 지나시더니

가난에 데쳐진 질박한 어머니가

한많은 음식이 맛이 있는

허기진 이웃을 위하여

조선 항아리에 오랜 세월 삭힌
된장을 풀어 쑥국을 끓이고

고향 비바람 눈보라에 햇빛이 곰삭은
푸짐한 보리밥 푸고

열강의 버무린 세월에 차곡 차곡 발효한
고추장에 상추쌈 내고

이산의 짠 세월에 한 줌 눈물로 남는
동치미 국물을 곁들여

감사로 차린 소담한 두레상은
님께서 흥건히 머무시더이다

□서로 미워하며 살찐 소고기를 먹는 것보다
서로 사랑하며 채소를 먹는 것이 나으니라(잠언15:17)

겨울비

허허한 세상을 상대로 머리 둘 곳 조차 없었던 님은
거리에서 슬픔을 베고 누운 장애 노숙자를 만나 주시고

가난한 이웃에 대한 부자의 무관심을 심판하신 님은
눈물과 한숨으로 밥말아 먹는 독거노인을 위로하시고

동족과 이방인을 한 식구로 품으셨던 님은
법이 십자가인 외국인 노동자를 찾아주시고

의지가지 없는 사람들의 힘이 되신 님은
맨 몸으로 세상과 맞서는 소년소녀 가장을 돌보시고

가시덤불 속의 잃은 양을 건지시다 찔리신 님은
인권사각 속의 탈북동포를 구하시다 피투성이 되시건만

사랑이여,

이 몸은 그저
당신의 고통을 지나는 나그네이옵고

당신의 상처를 스치는 바람이옵니다

이 몸은 단지
당신의 가슴에 둥지를 트는 길손이옵고
당신의 가슴을 겨우내 흐르는 눈물이옵니다

□이 몸은 당신의 길손이옵고
내 조상처럼 나그네이옵니다(시39:12)

엄마에게

어리석은 사람은
죽음을 겪고나서야
사랑을 하나봐요

사랑할 수 있었던
새털 같은 날들을
다 날리고

우리가
죽음으로 갈라졌지만

주님의 못 자국난 손 안에 있고
그분의 뜨거운 눈물 속에 있기를

우리가
닿을 수 없는 먼 곳으로 헤어졌지만

그리움이 있는 곳에 기다림이 있고
사랑이 있는 곳에 용서가 있기를

깨어져
우리의 품이 되신
그 분의 끝없는 자비가
우리를 덮어 주시기를

□무엇보다도 뜨겁게 서로 사랑할 지니
사랑은 허다한 죄를 덮느니라(벧전4:18)

초록 잉크에 재운 사연을 풀어놓은 편지

기다림으로 얻은 생명

오! 구원,

그대는
열 두 대문을 지나

마침내
빛물살 드리우며

나의 아버지를 향해
굽이치며 왔다

나의 아버지는
12살 때 검정 고무신 신고
맨 손으로 고향을 떠나
서울에서 모진 고생 끝에
가정을 이루고

하늘이 주신 땅에서
아버지는 끝없이 퍼주며 사셨고

하나님은 넘치도록 채워주며 사셨다

많은 사람들이 가지 처럼
빌붙어 살다가

아버지가 힘 빠지고
기억력이 떨어지자
재빨리 말을 바꿔 탔다

아버지가 재물을 관리할 능력을 잃자
그 곁을 비행접시 처럼 맴돌던 사람들도
발 빠르게 신발을 바꿔신었다

인생의 수를 읽으시는 하나님께서
아버지를 병으로 부르시자

세상의 허무와 하찮음에 던져졌던
아버지가 2006년 5월 19일 해질녘
으깨진 마음의 얼레를 풀며
노을 같은 신앙고백을 따라 했다

'하나님,
제 손을 통해서 평생을

나누도록 해 주신 것 감사드립니다

생명에 이르는 병 주심도 감사합니다

하나님,
저는 죄인이오니
예수님 피로 용서하여 주소서

저의 영혼도
주님의 손에 맡깁니다

천국가는 그 날까지
예수님 손 잡고 가게 하소서'

지금 아버지의
동산은 정
부동산은 병고 뿐이지만

영생의 상속인

처연한 아픔으로
요단강을 건너야 하지만

아버지의 본적은 하나님

돌아 갈 본적은 하늘나라

잠시 머물던 땅은
세월에 세 들었던 행랑채

이제부터 뛰는 심장은
님의 맥박

지금부터 쉬는 숨은
님의 생명

님은 87년을 기다리셨다

생명 내야 얻는 사랑

피 어린 사랑이 없는 곳에
오랜 기다림이 있겠는가

허무한 인생이 없는 곳에
영원한 구원이 있겠는가

이제 아버지는

찢기는 아픔을
품에 안으시는 님께

침묵을 배경으로
삭힘의 시간을 드리고 있다

□너희 인내로 너희 생명을 얻으리라 (눅231:19)

알알이 으깨지지 않은 메주가 어디 있으리

한 장의 스카프

한 조각의 실크를 마름질 해
해맑은 보라빛이 도는
은은한 파스텔 톤으로 물감을 들여
햇볕에 널면 그리움은 날개를 펴고

실밥이 풀어지는 가장자리는
따뜻한 시 한 수 풀어
한 뜸 한 뜸 시친 스카프 한 장을
하나 밖에 없는 선물인양 목에 두르니

살갑고 부드러워

마음의 강가에서는
푸른 나뭇잎이 흐르고
정겨운 물결이 소근소근 속삭이기를
'너희 모든 일을 사랑으로 하라' (고전16:14)고

주의 말씀의 맛이
내게 어찌 그리 단지요
내 입에 꿀보다 더하니이다
선한 말은 꿀송이 같아서 마음에
달고 뼈에 양약이 되느니라
(잠언 16:24)

님

이울줄 모르는 그리움

별의 눈물

고대의 햇살 속에서 눈부신
세상에서 가장 큰 제국이었던
찬란한 페르시아 왕국에는
그 이름처럼 아름답던 별(1)
에스더가 살았는데

그녀가 왕후의 자리에 오를 수 있었던 것은
보이지 않는 크신 분의 손길이 있었기 때문이다

무대 뒤에서
역사를 주관하시는 분은

강대국의 막강한 공주가 아니라
약소국의 힘없는 고아를 택하셨다

이 시기는 아하수에로 왕이
아각 사람 하만의 사악한 음모에 말려
유대민족이 학살될 위기였으나
보이지 않는 분의 반전은 준비되어 있었다

큰 별은
난세에 뜬다

닥쳐 올 환난을 예측하신 분은
생명의 파숫군으로 그녀를 세우셨던 것이다

그러나 생존권을 쥐고 있는
절대 군주의 부름이 없이

그에게 나아가면
누구라도 사형을 받는 법이고

그가 관용의 표시로서
잡고 있는 금 지팡이를 내 밀어야
살아날 수 있었다

이 철통같은 보안법은
왕비에게도 예외가 아니었지만

거부할 수 없는 명령이,

동족을 구하라는 뻐근한 음성이
곡기를 끊고 갈증을 눌러

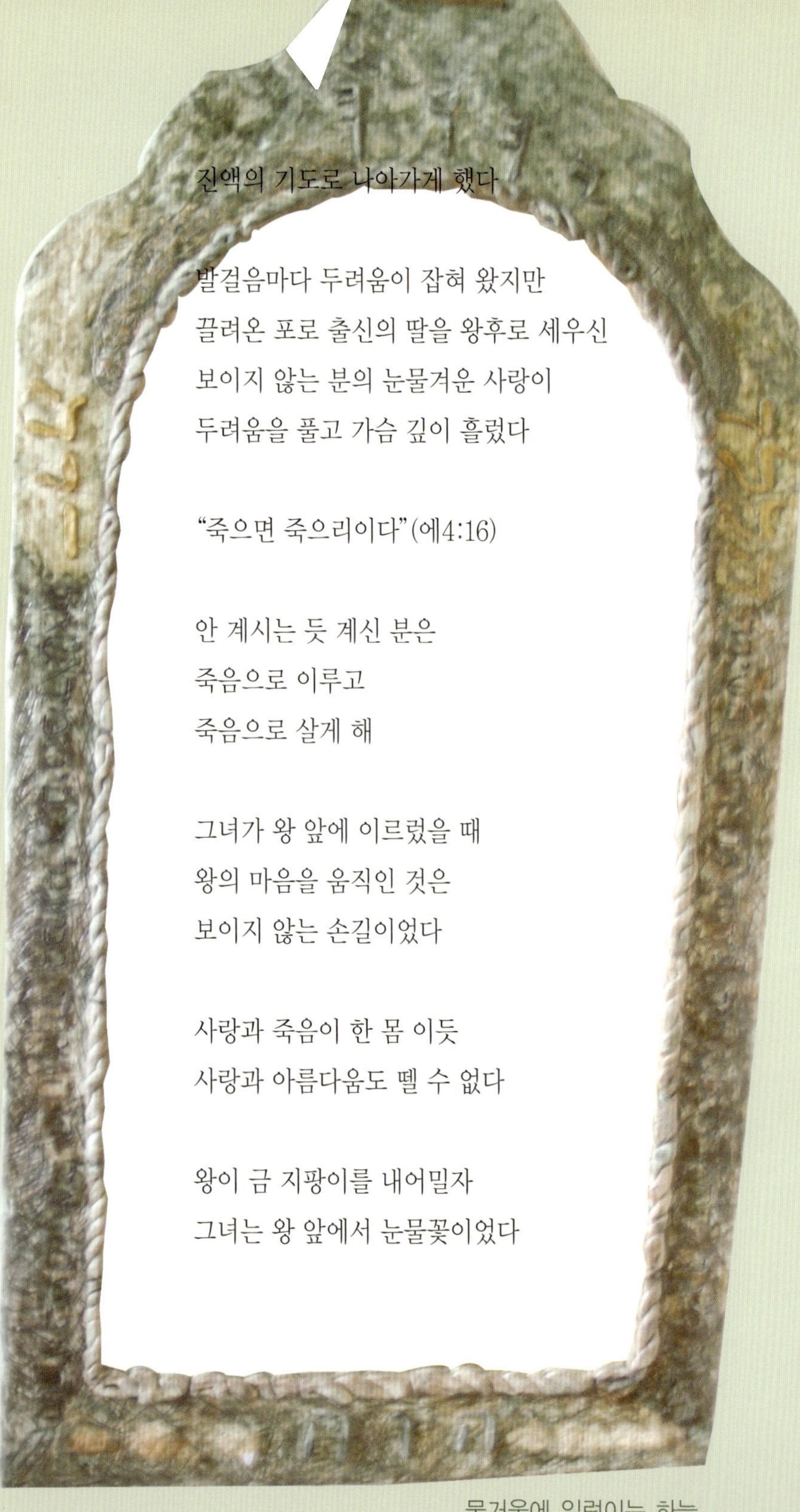

진액의 기도로 나아가게 했다

발걸음마다 두려움이 잡혀 왔지만
끌려온 포로 출신의 딸을 왕후로 세우신
보이지 않는 분의 눈물겨운 사랑이
두려움을 풀고 가슴 깊이 흘렀다

"죽으면 죽으리이다"(에4:16)

안 계시는 듯 계신 분은
죽음으로 이루고
죽음으로 살게 해

그녀가 왕 앞에 이르렀을 때
왕의 마음을 움직인 것은
보이지 않는 손길이었다

사랑과 죽음이 한 몸 이듯
사랑과 아름다움도 뗄 수 없다

왕이 금 지팡이를 내어밀자
그녀는 왕 앞에서 눈물꽃이었다

물거울에 일렁이는 하늘

"내가 어찌 내 민족의 화 당함을 차마 보며
내 친척의 멸망함을 차마 보리이까" (에8:6)

생명에의 탄원이 터지기도 전에
안으로 삼킨 고난 받는 민족의 설움이
줄줄이 눈물로 흘렀다

별은 눈물이 있어 아름답고
생명은 간구가 있어 사랑스럽다

"내 소청대로 내 생명을 내게 주시고
내 요구대로 내 민족을 내게 주소서"(에7:3)

별의 눈물이
하늘 보좌를 적셨고

생명을 담보로
생명을 구했다

(1)에스더의 또 다른 이름은 하닷사인데 이것은 히브리어 이름으로 백합이란 뜻이고 에스더는 페르시아어 이름으로 영어 Star 와 동의어로 본다

눈물이 있는 곳에 아름다움이

생명 싸개(1)

사람은 고난 중에
가장 진실한 사람을 만나고
하늘로 부터 기쁨을 받는다(2)

다윗이 사울의 칼끝을 피해
드센 광야를 밟고 견뎌온 터라
지칠대로 지쳤고
따르는 장사들도 주리고 목마른 지라

조심스럽게 예를 갖추어 큰 부자인 나발에게
물질적인 도움을 요청했다

"… … 우리가 좋은 날에 왔으니
청컨대, 당신 손에 있는 대로
당신의 종들과 당신의 아들 다윗에게 주십시오"

그는 갈멜에서 양 3천마리와 염소 1천마리를 기르는데
다윗과 다윗 사람들의 보호 덕택에
한 마리의 손실도 없었는데도

그는 인색하고 야비한 사람이었다

"다윗은 누구며 이새의 아들은 누구냐
요즈음 각기 주인에게서 억지로 떠나는 종이 많도다

내가 어찌 내 떡과 물과 내 양털 깎는 자를 위하여
잡은 고기를 가져다가 어디서 왔는지도 알지 못하는
자들에게 주겠느냐"

분노한 다윗이 4백명 가량의 군사와 함께
그와 그의 온 집을 치러 온다 함을 들은

그의 처 아비가일은
먼저 배고픈 사람들을 위해
귀한 음식을 넘치도록 꾸려 바리 바리 싣고
다윗을 만나러 가기 위해
소년들을 앞세우고 나귀를 탔다

브레이크 없는 불의 전차처럼
칼을 차고 달려오는 무사들과
기고만장한 남편이 부딪쳤을 때
바위처럼 깨질 것을 내다 본 그녀는
생명의 보자기로 다윗을 싸 안으려 했다

꿈틀거리는 온 가족의 삶의 온기를 보듬으며
소록 소록 잠든 들녘의 생기를 감싸며 지날 때

하늘의 바람이
win win
그녀의 귀에 속삭였다

그녀는 정치적인 식견과 역사적인 혜안을 가진
아름답고 총명한 여인이었다

상생의 바람이 솜털처럼 일자
그녀의 얼굴이 지혜와 슬기의 빛을 발했다

기도로 두려움을 몰아 내며
호젓한 곳을 내려갈 때
다윗과 그의 사람들을 만났다

그녀는 급히 나귀에서 내려와
다윗의 발 아래 자존심을 꿇고
그를 우러르며 하늘 입김 서린 예언을 했다

"내 주여,
내 주가 피 흘리지 않도록,

바구니에 가득한 생명

친히 복수하지 않도록,
하나님께서 막으셨으니,
하나님께서 살아계시고
내 주도 살아계시듯 확실하오니,
내 주의 원수들과
내 주를 해하려는 모든 사람들은
나발과 같이 되리이다"

그녀는 공손히 선물을 건네며 마음 문을 두드렸다

"하나님께서 반드시 내 주를 위하여 든든한 집을 세우시리니
이는 내 주께서 하나님의 싸움을 싸우심이요
내 주께서 사시는 동안 악을 찾을 수 없음이니이다

사람이 일어나서 내 주를 쫓아
내 주의 생명을 찾을지라도
내 주의 생명은 하나님의 돌보심 속에
생명싸개에 싸였을 것이요
내 주의 원수들의 생명은 돌팔매로 던지듯
그 분께서 던지시리이다"

한 아름의 시가

여린 다윗의 마음 문에 맞아
별처럼 초롱초롱 박혔다

“하나님께서 내 주에 관하여 말씀하신 대로
모든 선을 내 주에게 행하사
내 주를 이스라엘의 지도자로 세우실 때에

내 주께서 무죄한 피를 흘리셨다든지
내 주께서 친히 보복하셨다든지 하여
슬퍼하실 것도 없고 양심의 고통도 없어야 하리니
하나님께서 내 주를 후대하실 때에
당신의 여종을 기억하소서”

다윗의 시는 언제나 하나님이 심장이었다

“오늘 나를 만나도록 그대를 보내신,
주 이스라엘의 하나님을 찬송하리로다”

자신의 이성을 흔들어 깨워
분노를 잠재운 여인에게도 감사했다

“오늘 내가 피를 흘릴 것과
직접 복수하는 것을 그대가 막았으니,

그대의 판단력이 복되며
그대에게 복이 있으리로다!"

그녀의 정깊은 호소가 그를 무장해제 시켰다

"나를 막아 그대를 해하지 않게 하신,
주 이스라엘의 하나님이 살아계심을 두고 맹세하노니,
그대가 급히 와서 나를 만나지 않았다면
정녕 아침에는 나발에게 한 남자도 남겨두지 않았으리
라"

다윗은 그녀의 융숭한 선물을 받고
평안을 빌며 기쁨에 젖어 돌아갔다

그녀는 자신과 온 가족의 생명을 구했고
장래 왕의 명성도 함께 구했다

그녀가 남편에게 돌아오니
왕같은 잔치를 벌여놓고
만취하여 기뻐하므로

포도주의 붉은 흥에서 깨어난 아침에
그녀는 남편에게 전날의 일을 얘기하자

나발은 마음이 먼저 죽어 돌과 같이 되었으니
하나님의 종을 모독하고
벌을 받지 않은 사람이 어디 있으랴

"한 열흘 후에 하나님께서 나발을 치시니
그가 죽으니라"

말이 꽃이 피어 돌아왔으니
다윗이 부하들을 그녀에게 보냈던 것이다

"다윗께서 당신을 아내로 삼고자 하여
우리를 당신께 보내더이다"

아비가일은 다윗의 아내가 되어
전쟁에서 피흘리고 돌아오는
남편의 발을 씻었으리라

발만 아니라 마음까지
그 피묻은 양심까지

(1)이 시의 무대는 사무엘상 25장

(2)아비가일은 "나의 하나님 아버지께서 기쁨을 주신다"는 뜻

사슴섬에 두고 온 마음

마음은 두고 몸만 떠나다니

어떻게 40 여년 뿌리 내린
사랑과 청춘과 그리움을 뿌리치고
모질게 떠날 수 있었던가

열매 맺는 모든 것은
실뿌리마다 가슴앓이 하는가

부모도 외면한 섬
붉은 눈물이 배인 땅에

님의 부르심을 받은
마리안느 수녀와 마가렛 수녀는

20대의 눈부신 나이에
소록도 병원에 간호사로 와서
70대의 할머니 되기까지

수천 나환우의 손과 발로 살아가며
살갑게 깊은 상처를 치료해 주며
피멍든 마음을 어루만졌다

새벽 5시면 병원 문을 열고
우유를 데워 원우들을 맞이하고
층층이 누워있는 환자들을 찾아
할머니의 약손으로 약을 발라 주었다

오후엔 죽도 쑤고 과자도 구워
치료도구와 함께 마을을 돌며
거동이 불편한 주민들을 보살펴 주었다

자신들은
몽당 빗자루가 되도록
알뜰 살뜰하게 살면서도

봉사자의 몫으로 받는 병원측의 식비는 물론
소속 그리스도 왕의 시녀회가 보내오는 생활비까지도
식구들 우유와 간식비로 썼고
완치되어 떠나는 사람들의 차비로 나눠주었다

60년대초

멀건 국에 별이 빠지고
풀기 없는 죽에 구름이 흐르던 시절

본국 오스트리아에서 보내주는 지원금을 바탕으로
외국 의료진을 초청해 장애교정 수술을 하고
물리 치료기를 도입해 환우들의 재활을 도왔다

쓰러져가는 초가집을 견고한 주택으로 바꾸고
한센병 자녀를 위한 영아원을 운영하는 등
온갖 사랑을 베풀었으나 매스컴은 타지 않았다

살과 피가 흐르는 천사였다

두 수녀의 귀향 길에는
꽃다운 시절 들고 왔던
다 낡은 손가방 하나에
할매의 청빈만 들려 있었다

님의 사랑 외에는
소유도 짐이런가

연락선을 타고 가면서도
구슬픈 사슴섬을 바라보며

어린 영혼들이 눈에 밟혀
푸른 파도에 눈시울을 적셨다

님 안에 내가 젖고
내 안에 님이 젖어
하염없이 흘렀다

그들은
"사랑하는 친구 은인들에게"로 시작하는
편지 한 통으로 이별의 슬픔을 달랬다

"43년전 부모 형제를 떠나
소록도에 올 때는 기뻐서 웃었는데
막상 떠나려니 눈물이 앞을 가립니다"

"나이가 들어
제대로 일을 할 수도 없고

자신들이 있는 곳에
부담을 주기 전에 떠나야 합니다"

"부족한 외국인으로서
큰 사랑과 존경을 받아 감사하며

저희들의 부족함으로
마음 아프게 해 드렸던 일에 대해
이 편지로 미안함과 용서를 빕니다”

그들은
감사하는 마음으로
듣는 이, 보는 이 없이

점 하나에 온 생을 담은 꽃씨처럼
편지 한 통에 온 맘을 두고 떠났지만

꽃이 피고 바람이 불면

그들의 향기로운 이름은
온 땅으로 전파되고

감추어진 선행은
궁창의 별처럼 빛나리라(1)

(1)지혜로운 사람들은 궁창의 빛과 같이 빛날 것이요 많은
사람들을 의로 이끄는 사람들은 별처럼 길이 길이 빛나리라(단12:3)

생은 저물면 한 방울 이슬이련만
님 안에서 꽃물든 세월이어라
님 안에서 별물든 세월이어라

눈이 아름다운 여인

초대교회 때 죽음에서 살아난
다비다 혹은 도르가라 하는 신앙의 여인이 있었는데
그 이름은 둘 다 사슴이라는 뜻이다

사슴의 눈은 맑고 어질다 하여
다비다는 눈이 아름다운 여인으로 불리운다

눈은 정신의 흑진주며 영혼의 등불이다

그녀가 가진 것은 바늘과 실 뿐이었지만
누에가 제 몸에서 실을 뽑아 고치를 짓듯이
육신의 실타래를 풀어 지은 영혼의 옷은 심히 많아

남편과 함께 삶의 터전을 잃은 여인들
사랑과 함께 꿈이 갈 데 없는 여인들
기다림과 함께 마음의 버팀목이 빠진 여인들

이 겨워 겨워하는 여인들의 눈물이 하늘을 적셨다

행위는 말보다 증거하는 힘이 강하다

외로운 사람들이 그녀에게서 받은 것은
속옷에 누빈 예수의 마음이었고

가난한 사람들이 그녀에게서 받은 것은
겉옷에 덧댄 천국의 소망이었다

나를 위해서 사는 것은 죽음으로 끝나지만
남을 위해서 사는 것은 생명으로 이어진다

아름다운 눈은
다시 사신 예수와 뜨겁게 만나는
영혼의 주소다

□욥바에 다비다라 하는 여자가 있으니 그 이름을 번역하면
도르가라 선행과 구제하는 일이 심히 많더니(행전9:36)

눈은 영혼의 거울

아름다운 손

부자의 헌금은 감사패에 새기고
빈자의 헌금은 주님 가슴에 새기는가

청빈한 주께서는

솔로몬의 모든 영화보다
들에 핀 한 송이 백합에 눈길을 주셨고

부자의 많은 헌금보다
과부의 한 페니를 마음에 두셨으니

부자의 헌금은
가진 것의 일부였지만

가난한 과부의 헌금은
그녀의 전부였기 때문이라

그녀가 드린 것은
동전 두 닢이 아니라

믿음이었고
생명이었고
사랑이었기에

그 분 보시기에
피어나는 백합처럼
아름다운 손이었으리

□그들은 다 그 풍족한 중에서 넣었거니와 이 과부는 그 가난한 중에서 자기의 모든 소유 곧 생활비 전부를 넣었느니라(막12:44)

연민

아들의 생명은 어머니의 생명

자식의 죽음 앞에서
살고 싶은 어머니가 어디 있으랴

예수께서
나인성의 한 과부가
아들의 상여를 따라 나오는 것을 보시고는
가슴이 미어지는 아픔을 느끼셨으니
그 아들은 어머니를 지탱해 준 유일한 힘이었어라

어머니는 아들의 시신만 묻으러 가는 것이 아니라
무너져 내리는 자신의 가슴도 묻으러 가는 것이었으리

사랑의 다른 이름은 눈물이리라

자식을 생각하는 어머니의 눈물 샘은 마를 줄 몰라
그 흐르는 눈물에 주님의 얼굴이 젖고
그 찢어지는 고통에 주님의 마음이 찢겨

“울지말라”하시고
상여에 손을 대시며
‘청년아 내가 네게 말하노니 일어나라 하시매
죽었던 자가 일어나 앉고 말도 하거늘
예수께서 그를 어머니에게 주시니’ (눅7:13~15)

아들만 살려주신 것이 아니라
어머니의 심장도 돌려주신 것이어라

죽은 자를 살리신 예수님의 능력은
언제나 뜨거운 연민에서 잉태되었고

영생의 나라는
사람의 고통과 슬픔 앞에서
피범벅이 되신 님의 것이어라

알알이 엮는 생명

반전의 하나님

세상은 전쟁을 안고 사는 지뢰밭이지만
절대자의 반전으로 꽃밭이 된다

백전노장 다윗은
아들들의 온갖 반역에도 불구하고
반전의 하나님을 통하여 왕권을 지켰다

다윗의 셋째 아들 압살롬이
반역을 일으켜
다윗 성을 장악했을 때

다윗은 예수살렘을 탈출하는 과정에서
자기 죄를 울며 회개하는
참회의 행렬이 구원의 길이 되어
하나님의 반전이 시작되었다

다윗의 넷째 아들 아도니야도
극도로 노쇠한 다윗 왕을 모반하여
즉위 예식으로 제단에 희생제물을 드렸고

군대 총사령관 요압과
제사장 아비아달의 옹립으로
솔로몬을 뺀 모든 왕자들과 군사령관들이
대관식에서 "아도니야 왕 만세"를 외쳤는데

뜻밖에 솔로몬이 왕위에 오르자
아도니야가 왕의 어머니 밧세바에게

"당신도 아시는 바 이거니와
이 왕위는 내 것이었고,
온 이스라엘은 다 얼굴을 내게로 향하여
왕으로 삼으려 하였는데
그 왕권이 돌아가 내 아우의 것이 되었음은
여호와께로 말미암음이니이다"(왕상2:15)고 했다

주권은 하나님의 영역이다

아도니야와 아비아달이 종교를 이용한 것과 같이
대제사장 안나스와 가야바도 종교를 악용하였고

정치적 고려가
원수였던 헤롯과 빌라도를 친구로 삼았으며

대제사장들의 시기가
시류에 편승하는 군중을 앞세워
무사안일의 빌라도 총독을 압박해

예수를 "유대인의 왕"으로
십자가에 못 박았을 때

그 분은 세상에서 가장 아름다운 기도를 드렸다

"아버지, 저들을 용서하여 주옵소서;
자기들이 하는 것을 알지 못함이니이다"(눅23:34)

그 분은 끝없는 슬픔과 고통을 번제로 드리고
십자가에서 운명하셨다

모든 것이 끝났다

시체를 끌어 내려 무덤에 두고
돌로 인봉하여 막을 내렸다

그러나
묶여진 두 손과 발이
우리를 죄에서 풀어 주었고

숯 덩이 된 사랑이
반전의 불을 당기어

사흘만에
하나님께서 그를 다시 살리사
무덤 문을 열게 하시니

아무도 죽음의 문을 닫을 수 없었다

유대인의 왕이 아니라 온 인류의 왕으로
권력의 왕이 아니라 사랑의 왕으로

사랑이 숨쉬는 땅은 어디나 그 분의 영토다

질경이의 지혜

누구라도
고통받는 사람은
주님을 부를 때
부르짖는다

예수께서 두로와 시돈 지방으로 들어가셨을 때
"주 다윗의 자손이여 나를 불쌍히 여기소서
내 딸이 흉악하게 귀신 들렸나이다"(마태15;22) 하며
한 가나안 여인이 큰 소리로 외쳤다

그녀는 멸시받는 이방인이며
딸이 더러운 영에 잡혔으므로
그 시대의 가부장적 사회로 부터 소외된 사람이었다

제자들은 시끄럽게 생각하여 예수께
그녀의 청을 들어주어 보낼 것을 재촉하였다

예수께서는 여인을 무시하는 말씀을 하셨다

"나는 이스라엘 집의 잃어버린 양에게만
보내심을 받았다"(마태15:24)

낮은 곳에 삶을 편 이방 여인은
잡초 처럼 밟혀도 된단 말인가

그녀는 딸을 살리기 위해
뼈 없이 그 발 아래 엎드려

"주여, 저를 도우소서"(마태15:25) 간구하나

밟혀야 살아나는 믿음이기에
그녀의 믿음을 끌어 올리기 위해
주님은 뼈 아픈 말씀을 하셨다

"아이들로 먼저 먹게하라
아이들의 떡을 취하여 개들에게
던짐이 옳지 않다"(막7:27)

천하보다 인권을 높이신 분이
고작 이 정도의 민족주의자 였던가

아무라도 자존심이 밟히면 돌아서련만

지혜는 낮은 마음으로 고여
진주 같이 빛난다

"아이들로 먼저 먹게하라"는 말씀은 다른 말로
다음은 이방인들의 차례이니
기다리라는 뜻이 아니겠는가

그녀는 생명을 주관하시는
예수님의 주권 앞에 무릎을 꿇고
그 분 마음의 깊은 곳을 짚었다

"옳습니다, 주님,
하지만 상 아래 개들도
아이들이 흘리는 부스러기를 먹습니다"(막7:28)

밟혀서 터지는 질경이의 지혜로
님의 마음엔 초록 핏물이 맺혔다

"여자여, 네 믿음이 크도다!
네 소원대로 되리라 하시니
즉시 그녀의 딸이 나았다"(마태15:28)

그녀는 예수께 동행을 구하지 않았으니

그 분의 능력은 거리를 초월함이라

예수께는 사람이 사명보다 귀하고
사랑이 사명이었던 것이다

이 위대함에
모든 생명이 그 분 앞에 무릎을 꿇는다

낮은 곳에 자리를 펴는 지혜

타작마당에 가득한 은총

유다 베들레헴에 기근이 덮치자
곤경에 처한 나오미는
남편 엘리멜렉을 따라 두 아들과 함께
견원지간인 모압으로 떠났다

그 땅에서 남편은 죽고
두 아들은 그 곳 여인들과 결혼했으나
이들도 거류한지 십년 쯤에 죽었다

하나님께서 유다 땅에 다시 양식을 주심으로
나오미는 고향 땅에 뼈를 묻기로 마음을 굳혔다

고향으로 떠나는 길에
두 며느리도 따랐으나

시어머니가 간곡한 말로 만류함으로
한 며느리 오르바는 돌아갔으나
다른 며느리 룻은 끝까지 동행했다

나오미는 룻을 딸로 여겼으므로
룻의 행복을 위하여
소망 없는 자기를 떠날 것을 강권하였으나

룻은 나오미를 친어머니로 생각했고
어머니의 하나님을 믿었으므로
혈혈단신인 그녀의 길 '벗' (1)이 되기로 결심하였다

"어머니께서 가시는 곳에 저도 가고
어머니께서 머무시는 곳에서 저도 머물겠습니다
어머님의 민족이 저의 민족이 되고
어머님의 하나님이 저의 하나님이 되시리니
어머니께서 숨을 거두시는 곳에서 저도 죽고,
어머님 곁에 저도 묻히렵니다"(룻1:16,17)

이 아름다운 신앙고백이
두 여인을 하나로 묶었지만

기둥도 대들보도 없는 두 과부는
이삭줍기로 하루 하루의 삶을
이어갈 수 밖에 없었으나

룻은 추수 밭에 떨어진

이삭 한 알 한 알에 깃든
하나님의 사랑을 줍게 되었다

상황은 하나님이 만드신다

힘 없는 시어머니와
이스라엘의 하나님을 섬기는 룻을
모압여인 룻 보다 더 귀히 여기는
사려깊은 부호 보아스⑵를 만나게 된다

"주께서 그대가 행한 일을 갚아 주실 것이며
이스라엘의 하나님께서 당신의 날개 아래 보호를
받으러 온 그대에게 온전한 상을 주실 것이요"(룻1:12)

룻과 보아스를 연결해 주는 끈도
혈통보다 신앙을 더 중히 여기는 하나님 사랑이다

사랑은 깊은 관심과 세심한 배려가 아닌가

그는 자기 소년들에게 룻을 위해서 귀뜸을 했다

"그에게 곡식단 사이에서 줍게 하고 나무라지 말라
그를 위해 단에서 얼마를 뽑아 흘려

줍도록 하고 꾸짖지 말라"(룻2:15,16)

룻이 주워 온 이삭은 이삭의 범위를 넘는 것이었고
보아스는 대를 이어 줄 의무를 지고 있는 친척이 아닌가

그의 인품과 신앙을 신뢰한 나오미는
섬세하고 치밀한 드라마를 연출하여
그가 룻을 위하여 뛰게 만들었다

밤중에 한 여인이 자기 발치에 누워 있는지라
그가 놀라 물으니

"당신의 여종 룻이오니 당신의 옷 자락을 펴
당신의 여종을 덮으소서
당신은 우리 가업을 무를 친척이십니다"(룻3:9)

보아스는 룻과 결혼하기를 원하나
더 가까운 친척에게 우선권이 있음으로
그를 만나 의사를 타진하되
거절하면 자신이 맡겠다고 다짐하며
날이 샐 때까지 머무르게 하였다

사랑과 책임은

가계를 엮는
씨줄과 날줄

룻은
곡식단이 쌓인
타작 마당에
밤의 나래를 펴
별빛을 재우고

적국의 딸을
은총(3)의 딸로
삼으시는 분께

이삭 줍던 가난한 과부를
덕을 베푸는 존귀한 아내로
높이시는 분께

상한 심령을
정한 제사로
받으시는 분께

밤이 맞도록
맑은 눈물을 드렸다

날이 밝자
보아스는 성문에 올라
백성과 장로들을 청하여 놓고
가업을 무를자에게 물으니
그는 나오미로 부터 땅을 사는데는 동의하였으나
엘리멜렉 가업의 대를 잇기 위한
룻과의 결혼은 원치 않았으므로
그 권한을 보아스에게 넘겨 주었다

모든 사람들의 환호 속에 룻과 보아스는 결혼하였고
하나님은 룻의 태 속에 한 생명을 맡기셨다

태어난 아들 오벳은
이스라엘 법으로는 나오미의 아들이었던 것이다

하나님 안에서는 유대인도 모압인도 하나다

다윗의 혈관에는 모압인의 피가 흐르고
오벳은 예수 그리스도의 족보를 잇는 줄기였다

신앙의 또 다른 이름은 사랑

종족을 초월한 두 여인의 사랑이

예수의 혈통에 핏 줄기를 세웠고

그 분은
모든 혈통을 품고 흐르는 사랑의 바다

생명은 풍성한 은총

(1)룻: 벗, 여자친구, 동반자
(2)보아스: 부호, 유력한 자
(3)나오미: 은총, 기쁨, 희락

아침에는 빵 대신 말씀을 먹고
우유 대신 기도를 마시리라

님

마음 문을 열어 놓고
기도할 곳을 찾던 중

73년 늦가을 어느 날 이던가
용문산 기도원에 대한 소문을
스치는 바람결에 들었다

그 곳은 경북에 있고 구국제단이 있어
그 안에서는 한 시간 동안 발성기도를 해야 하고
나라를 위해서만 기도해야 하는데
다음 사람이 와서 기도를 이을 때까지
먼저 들어간 사람이 나와서는 안된다는 것이다

붉은 낙엽을 융단처럼 밟으며
물어 물어 밤 늦게 닿았는데
'주여!' 가 온 산을 울리며 흔드는
첩첩산중이었다

기도는

얼마나 적막한 곳에서 불이 붙고
얼마나 멍울진 곳에서 불꽃 튀는가

산 골짝 골짝 구국기도가
이름도 없이 얼굴도 없이
한 민족의 슬픔을
밤새 울어주고 있었다

누가 목숨 걸고 이 땅을 지키는가

누가 불화살을 가슴에 맞추는가

74년 여름 방학때 그 곳에 다시가서
구국제단에서 기도를 드렸는데
8월 5일 자정에 사사봉에서 응답을 받았다

그 때부터 시간만 나면
용문산에 기도하러 다녔다

70년대 80년대는 기차를 타고 다녔는데
집에서 서울역까지가 1시간
서울역에서 김천까지가 3시간
김천에서 버스를 타고 1시간

용문산 들어가는 길은 험한 돌밭이라
차 안에서 몇 번이나 뒤집어져야 했다

세상에는 길이 많이 있지만
님께로 가는 길이 가장 험했다

금강 건너
추풍령 넘어
밤 길 갈 때
가장 순결한 등불은
언약의 말씀이었다

새들의 찬송을
바람의 연주로 들으며
무거운 짐을 지고도 날라 다녔다

낮이고 밤이고
님을 찾는 것이
내 존재이유 였다

꿈같은 세월
가슴 뛰는 삶

행여나 그 날 밤처럼 다시 뵈올 수 있을까 해서
행여나 그 날 밤처럼 다시 들을 수 있을까 해서

기도로 해가 뜨고 기도로 해가 졌다

잠의 문턱엔 녹음기를 두고
말씀이 돌아야 스르르 잠들었고
잠 속에서도 말씀을 외웠다

구국기도만 하면 다시 부르실 것 같아
용문산 가기 전날은 잠도 오지 않았다

우주 보다 크신 神이
한 점 겨자씨 같은 사람의
흙 묻은 기도를 들으시기에

감사를 씨앗 뿌리듯
눈물로 뿌리며 갔다

90년대 중반 부터는
용문산 들어가는 돌길도
포장이 잘 되었고
구국제단 입구까지

우리에게
성서한국보다 더 위대한 시는 없다
예수한국보다 더 아름다운 노래는 없다

차가 올라갈 수 있어
승용차를 타고 다닌다

이젠
머리에 하얀 서리가 얹히고
몸에도 하얀 세월이 감긴다

올해 햇살 고운 생일날
하얀 꽃 그늘 아래서
깨알 같은 기도문을 엮으며
구국제단에 들어갔는데
모세의 구국기도가
양심을 고문했다

"이제, 그들의 죄를 사하시옵소서
그렇지 아니하시오면,
주께서 기록하신 책에서
내 이름을 지워 주옵소서"(출32:32)

이 위대한 영혼의 기도는
내 목에 걸린 가시다

그의 통곡 속에

나의 기도를 접으니

이때부터 통곡이 기도한다
이때부터 성령이 기도한다

'살아서 죽은 나
죽어서 사신 님

죽어야 할 때
죽을 수 있는 힘을 주소서

들꽃 한 송이가 밟혀도
고통 당하시는 하나님,

십자가의 고통을 깨닫고 바라보게 하소서

온 몸으로 분단의 장벽을 허물고 계신 님,

당신의 이마를 찌르는 철조망이
나의 고뇌가 되게 하소서

당신의 눈물이 고인 어둔 땅에
나의 마음이 고이게 하소서

당신의 피가 흐르는 38선에
나의 생명이 흐르게 하소서

내가 주를 사랑함으로
모든 것을 희생하게 하소서

당신의 피묻은 손으로
민족의 혈맥을 이어주시어
무한한 세계로 인도하소서'

구국기도는 주께서 하신다
통곡기도도 주께서 하신다

구국제단을 떠나
돌아오는 여로는

시 물결 일렁일렁
기도 물결 출렁출렁

백두에서 한라까지
한반도가 구국제단

한 생을 이어 온 그리움이

아직도 따뜻한 님의 음성을
글썽글썽 묵상하고 있다

'내가 너를 사랑했노라
내가 너를 사랑하노라
내가 너를 사랑하겠노라

이 사랑을 받아들이는 자가
복이 있다

네가 필요로 하는 것은
이미 다 준비 되 있다

구하라, 주실 것이요
찾으라, 찾을 것이요
두드리라, 열릴 것이라'

님께 기도 드리는 것은
내 깊은 영혼과 만나는 것이고
나를 얻는 것이다

나는 아직도
님으로 부터 받은 것 보다

받아야 할 것이 더 많다

시내를 건넜더니 강이 나오듯이
병을 지났더니 죽음이 기다리듯이

삶의 여정을 마칠 때는
님과 손잡고 가기를 소원하리라

가슴엔 사랑을 품고
등뒤엔 무덤을 지고

한 줌 흙이 되어 잠들 때 까지

눈부신 나라에서 깨어날 때 까지

나는 님의 얼굴을 구할 것이고

님은 구함으로 나와 함께 하실 것이다

□내 이름으로 불리는 내 백성이 그들의 악한 길에서 돌이켜 스스로 낮아져, 기도하고 내 얼굴을 구하면, 내가 하늘에서 들을 것이고 , 그들의 죄를 용서할 것이고 그들의 땅을 고칠 것이다 (대하7:14)

사랑의 향유

구원자 예수를 떠보기 위해
바리새인 시몬이 그 분을 식탁에 초대했는데

그는 생명의 주를
시덥잖은 랍비로 보고 홀대했다

그분께 흔한 발 씻을 물도 주지 않았고
그 머리에 값싼 기름도 붓지 않았으나

구원의 길을 따라 온 한 죄많은 여인이
켜켜이 쌓은 전통과 법도를 깨고
은혜의 문으로 들어와

누구의 마음에도 적신 적 없는 눈물로
그 분의 발을 적시고 자기 머리 털로 닦았으며

아무의 가슴에도 호소한 적 없는 아픔으로
그 발에 입 맞추고 가슴으로 찧어 낸 향유를 부었다

창기와 세리의 친구이신 분은
죄인의 눈물에 젖을 줄 알고
절절한 아픔에 흔들릴 줄 아는
가장 상처 많은 가슴이었다

예수님의 깊이를 모르는 가벼운 시몬은

"만일 이 사람이 선지자라면,
자기를 만지는 자가 누구며
어떠한 여자인줄 알았을 텐데"(눅7:39)

표피적으로 생각하며
죄많은 여인과 예수를 향하여
경멸의 시선을 보냈다

용서 받은 만큼 사랑하고
사랑한 만큼 용서 받는데

바리새인은 죄의 크기를 보았으나
예수님은 사랑의 크기를 보셨다

목이 곧은 시몬을 향한
예수님의 눈빛은 얼마나 측은한가

용서는 사랑을 품고 있고
사랑은 용서를 품고 있는데

몸을 굽힌 여인을 향한
예수님의 눈빛은 얼마나 따뜻한가

그 분의 두 눈이 용서와 사랑으로 젖었다

"그녀의 많은 죄가 용서받았으니
사랑함이 많음이라
적게 용서 받은 사람은 적게 사랑하느니라"(눅7:47)

님의 따스운 눈물 속에
믿음과 구원이 어리었다

"네 믿음이 너를 구원하였으니
평안히 가라"(눅7:50)

사랑과 의심은
한 몸으로 살 수 없다

미덥지 않은 사랑은 흔들리고
사랑이 빠진 믿음은 돌짝밭이다

사랑과 믿음은 한 몸으로
구원을 이루고
그 은혜는
낮고 습한 가슴에서 넘친다

흐르는 물도 눈물로 드리면 향유로 받으시리

향기로운 약속

가난한 사람들이
옹기 종기 모여 사는
베다니 마을에는
예수께서 즐겨 찾으시는
그리운 얼굴들이

무화과 나무가 그늘을 드리우는
"푸른 과실의 집"에서
오순 도순 살고 있었다

주님은 이들을
깊이 사랑하셨기 때문에
이곳에 마음을 두셨고
생각을 풀어 놓으셨다

그 중에서도 마리아가
주님의 발치에 앉아
생생한 말씀에 흠뻑 젖노라면

천성의 바람이 불어와
치렁 치렁한 사유의 머리채를
얼기 설기 빗어주곤 하였다

그녀는
머잖아 닥칠 그 분의 죽음을 예감하고
인생의 가장 엄숙한 순간에 쓰는
값진 향유를 한 근들이 옥합에 모아서
뚜껑을 봉해 놓았다

마침내
사람들이 꺼리는 나환자 시몬의 집에서
주님을 위한 잔치가 벌어졌다

그녀는
자신의 전부인 보배합을 풀고
예수께서 계신 곳에 이르러
옥합을 깨뜨려 그 분의 머리에 붓고

흑갈색 우단처럼 부드러운 머릿결로
눈물 진 님의 발을 닦기 시작 했다

묵묵히

정중히
모든 것을 드렸다

침묵을 깨고
재리에 밝은 유다가
분별없는 제자들을 선동하였다

"어찌하여 이렇게 낭비하는가?
이것을 비싼 값에 팔아
가난한 사람들에게 줄 수 있었으리라"(마26:8,9)

제자들은
불순물이 없는 나아드의 순전한 향유를 보았고

주님은
나누임이 없는 마리아의 온전한 사랑을 보셨다

주님의 말씀이
물오른 종려나무 잎처럼

눈이 맑은 영혼에
꿈이 퍼진 마음에
파르르 물결쳤다

"너희가 어찌하여 그 여인을 괴롭게 하느냐?
그가 내게 아름다운 일을 하였느니라"(마26:10)

人子를 부활의 주로 체험한 나사로
人子를 생명의 주로 고백한 마르다
人子를 말씀의 주로 사모한 마리아

삼남매가 걸어야 할 수난의 길을 생각하시는
주님의 눈에는 더운 눈물이 고였으리라

큰 사랑은
큰 눈물샘

그 분의 꽃비 내리는 말씀이
지줄 지줄 여린 마음으로 흘렀다

"그녀가 내 몸에 향유를 부은 것은
내 장례를 준비하기 위함이라

온 세상 어디서든지
복음이 전파되는 곳에는
그녀가 행한 것도 전해져서
그를 기억하리라"(마26:12,13)

님께 드린 마음이
간직될 수 있다면
얼마나 크신 은총이랴

님은 님으로 기릴레라
그리움은 그리움으로 남길레라

□베다니(Bethany);히브리어로는 '베트 아니야'

(Bethaniyyah)로 '가난한 자의 집' 을 뜻한다

탈무드에 의하면 '베트히니' (Beth hini)로 '푸른 과실의 집' 을 뜻한다

약속의 말씀을 붙잡고 사는 동안 두렵지 않았다
약속의 말씀을 지키고 사는 동안 외롭지 않았다

귀 향

기다림에 지친 강물을 가르고
그리움에 절며 고향에 가리라

돌 목걸이

'한국의 어머니 교회' 라고 불리우는
유서 깊은 교회 목사님의 얘긴데

그는 대학교때 부터 자기가 결혼할 땐
돌 반지를 아내에게 끼워주겠다는 생각을 했다

그 반지는 물질적 가치는 없어도

눈 비로 절어 땡볕으로 구운
그 단단한 결합을 귀하게 여기며
꿈 많은 유학생활을 하던 시절

하늘을 품고 잠든 레망 호숫가를 거닐다가
침묵으로 사자후를 토하는 돌들 가운데

잘 여문 조약돌 몇 개를 주워
주머니에 간직하고 다니며
고요 속에서 들려오는 메아리에
귀를 기울이던 중

방학이 되어 잠시 귀국했는데
그 돌 반지를 소중하게 받아 줄
귀한 반려를 만나게 되었다

그녀의 어머니가 보석 가공소에 알아보니
아뿔사, 돌에 구멍을 뚫으려고
기계를 대면 부서진다는 것이다

생각 많은 그녀의 어머니가
그 돌멩이에 테를 두르고
줄을 달아 목걸이를 만들자고 해

치과 의사인 그녀의 아버지가
치과 기구로 돌멩이를 다듬어
고도로 축적된 사랑으로 작품을 낳았다

돌 결정 마다
은은한 빛이 스미자
잔잔한 구름이 흐르고
파릇한 나무가 비치며
정다운 새가 깃드는 것이었다

양가의 가족들은 저마다

그 조약돌에서 보이는 것이 다른데
목사님이셨던 그의 할아버지가
조약돌 속에 교회가 보인다고 하자
모두의 가슴에 사랑이 물결쳤다

세상의 어느 돌인들
그 분과 눈맞춤 하지 않은 돌이 있으랴

돌 목걸이

그것은 버려진 돌멩이었다

그 오랜 침묵
그 찰진 사랑
그 시린 고독

가슴에 품어 주고 싶어
곱게 다듬어 목에 걸고
그 속에서 그 분과 만났다

세월 따라
눈물로 구멍이 파이고

풍파에 깍이고 부서져
마음의 성전이 되었다

사랑은 님의 숨결
고독은 님의 형상
침묵은 님의 말씀

□집 짓는 이들이 내버린 그 돌, 모퉁이의 머릿돌이 되었네 (시118:22)

사랑의 궁전

한 세월
잠들지 못하는
사랑

연호를 처음 만난 곳은
신학교 편입시험 치루는 강의실

한 송이 백합같은 그녀는
긴 머리채를 단정하게 묶고
엄마와 함께 와서 시험을 치루었다

기이하게 생각되어 내가 물었다
"왜 혼자 오지 엄마랑 같이 왔어요?"

한숨을 쉬며 그 엄마가 대답했다
"얘는 간질이 있어 언제 어떻게 넘어질지몰라,
별의 별 약을 다 써 봤지만 소용없어
제 소원대로 신학 공부나 시켜볼려고 왔어"

그후 연호는 기숙사로 들어갔고
나는 집에서 신학교를 다녔다

시험 볼 때는 보통 한 장만 쓰는데
나는 역사적인 배경부터 시작하여
7~8장을 족히 쓰다보면
어느 결에 연호가 옆에 와서
내 시험 답안지마다 번호를 매기며 꼼꼼히 챙겨놓고
내 곁에 구르는 우산도 가지런히 접어 놓는다

굽이쳐 젖어오는 계절

가을 비는 겨울 눈을 부르고
학기말이 되어 기말시험을 치루는 데도
연호는 그림자도 보이지 않아
알아보니 추운 강당에서 앓고있다는 것이다

기숙사에서 발작을 하다보면
함께 사용하는 이부자리를 더럽히게 되는데
겨울에는 일일이 빨수가 없어
강당 의자 위에서 이불도 없이 자다가 병이 악화된 것이
다

연호 엄마에게 전화로 상황을 전하고는
신학교 친구와 함께 연호를 기도원으로 옮겼다

예나 지나 일 못하기로 소문난 내가
연호를 간호해 준다는 것은 처음부터 무리였지만

이 일로 인해 사람을 통해 오는
하나님의 사랑을 체험하게 되었다

기도원에 작정기도를 하러 왔던 젊은 아가씨가
우리를 보고는 안타까워 연호를 돌보기 시작했다

봄빛이 도는 그녀의 이름처럼
춘자는 우리에게 봄을 몰고 왔다

그녀는 공장에서 편물을 하는데
자신이 쓰는 기계만 고장이 잦아
하나님의 뜻이 편물을 접고
신학을 해야 하는 것인지
응답을 받으러 왔다는 것이다

춘자는 편물을 쉬고 온 정성을 쏟아 간호했지만
연호는 발작이 심해져 물에도 넘어지고 불에도 쓰러져

온 몸에 멍이 들었는데도 우리와 함께
주일이면 유년부 어린이들을 가르치며 즐거워했다

밤이면 우리 셋이서 산에 올라가 기도를 하면
들풀처럼 흔들리며 울리는 연호의 눈물어린 호소가
내 메마른 영혼을 적시곤 하였다

어려운 사람들의
추위를 덮어주고 싶었던 것이
그녀의 소원이었다

생각이 울창한 어느 여름 날
연호 엄마 아버지가 와서
장미회에서 간질약을 준다며
가기 싫다는 딸을 데리고 갔다

슬픔이 숨죽이며 떨어지는 가을 날
중등부에서 설교를 하고 있는데
누가 들어와서 맨 뒤에 앉는다

끝나고 보니 연호의 동생이었다
"언니가 죽었는데 연홍 언니에게
일기를 한 권 남겨놓았어요

아버지가 연홍 언니하고 같이 오랬어요”

한 걸음 한 걸음
생명 걸고 기도하지 못한 죄책에 울며
고독한 한 生의 고통을 걸었다

연호 아버지가 일기장을 내주며
“연호가 네게 쓴 것을 보고 나도 울었다
내일 홍제동 화장터에서 화장을 하기로 했는데
내일 하루만 내 곁에 있어주겠니?”

우리는 화장터에서

찬 바람에
무던히 울던 육신이
불수레 타고 떠나는 것을 보았다

한 줄 연기로
한 줌 재로

연호는 24살의
맑디 맑은 나이로
우리 곁을 떠났다

춘자는 착하고 생각깊은
하나님의 사람이었다

낮에는
사랑과 성실로 털실을 엮어 세타를 짜서
사람들의 가슴에 온기를 입혀 주었고

밤에는
새벽 별이 뜰때까지

비가 오면 비에 젖고
눈이 오면 눈사람이 되어

자신 보다는
남을 위해서 기도했다

병약한 나를 위해서
뼈가 삭는 기도를 했고

나의 아버지의 영혼 구원을 위해서도
20일 동안 금식기도를 드렸다

그러던 그녀도

사랑이 숨쉬는 곳이 궁전

폐결핵이 깊어져

병원에 입원하여 투병생활을 했지만
28살의 곱디 고운 나이로
영원한 님의 품으로 들어갔다

나도 이제는
회한의 세월을 편물해 놓을 나이

이 땅의 무너질 집 보다
하늘의 영원한 집을
목마르게 사모할 때

사랑의 궁전

따뜻한 마음이
나의 앞으로 지나가며
내 차운 가슴 속에
두고 간 더운 심장이
말씀으로 식지 않았다

"사람이 친구를 위해서 목숨을 버리면

이보다 더 큰 사랑은 없으니
내가 너희에게 명한 것을 행하면
너희는 내 친구라"(요15:13,14)

나는 친구를 통하여
십자가에 달린
그 분의 사랑과 만나
주저 앉은 나를 세웠다

나를 놓는 날
양지 바른 곳
하늘 나라에서
새 집들이 할 때

풀잎의 이슬처럼
마음에 맺혔던
그리운 얼굴들은
향기롭게 피어나리라

새 집은
세상의 고통과
십자가의 눈물로 빚은
사랑의 궁전이리라

밥

빵은 맛과 힘이 있어
생명의 주 예수로 비유되는데

우리 동네 재래시장에 민이네 빵집에서는
맛있고 따뜻한 낱빵이 4개에 천원이고
삼천원 이상 사면 덤도 하나씩 얹어주는
인간미와 겹쳐 빵맛이 달디달아

갓 구워낸 파삭파삭한 소브로
연한 녹두빛 앙금이 통통한 팥빵
젖과 꿀이 흐르는 버터빵
석류처럼 붉은 단팥이 빵빵한 도너츠

골고루 풍성하게 사면 덤도 풍성해
두 손으로 달갑게 받으며 감사하면
민이 엄마의 얼굴은 겨울에도
발갛게 피어나는 동백꽃

같은 뜻을

다르게 말하면

빵은 서구인의 주식
밥은 우리의 양식

밥 없이 살 수 없듯이
예수 없이 살 수 없어

예수가 밥이라

밥

예수의 온전한 인간성으로
우리의 마음과 영혼을 먹이면

그는 내 안에 계시고
나는 그의 안에 있어
우리는 한 몸으로

아름다운 성전

은혜 위에 은혜러라(요한 1:16)

우리를 살리기 위해 인간으로 오신 분이
당신 살을 밥으로 우리를 먹여 기르시니

우리가 그 분의 밥상에 앉으면
그분의 생명과 인격을 맛볼 수 있어

송이꿀 같은 말씀으로 밥을 짓고
주의 뜻에 따라 간을 맞추며
기도로 생명의 만나를 차리고
님의 향기를 꽃그릇에 담으며

그의 생수로 영생을 따르고
용서와 화해로 수저를 놓아
사랑으로 나누면
님의 감미로움은 커져

온 누리의 밥상은 예수
생명 위에 생명이러라

□나는 생명의 빵이다(요한 6:48)

말씀을 잉태한 여인(1)

가장 어려운 부탁은
가장 사랑하는 사람에게 하는 것이리라

불꽃같은 하나님의 강한 사자 가브리엘이
갈릴리 나사렛에 가서 마리아(2)에게 전하기를

"두려워 하지 말라
네가 하나님께 은총을 입었느니라
보라 네가 잉태하여 아들을 낳으리니
그 이름을 예수(3)라 하라"

예수는
인류의 죄를 구원할 수 있는 신이어야 하고
그 죄를 대속할 수 있는 흠 없는 사람이어야 하므로

죄의 본성을 타고난 마리아와
그녀와 약혼한 요셉의 피가 섞이지 않은
성령으로 나셔야만 했다

이 전대미문의 소명에
마리아가 천사에게 묻기를

“나는 처녀인데
어떻게 이런 일이 있으리이까?”

천지개벽이 이루어질 사건에
천사가 대답하기를

“성령이 네게 임하시고,
지극히 높은 분의 능력이 너를 덮으시리니;
그러므로 태어날 아기는 거룩한 분이니,
하나님의 아들이라고 하리라”

하나님은
태의 문이 닫힌 노년의 엘리사벳이
아이를 갖게 하신 능하신 분이신데
경천동지할 기적인들 베풀 수 없겠는가

“보라 네 친척 엘리사벳도
늙어서 아들을 가졌으니;
석녀로 불려진 여자가
이미 여섯 달째 되었나니

하나님께는 불가능한 일이 아무것도 없느니라"

전능하신 분의 깊은 요구에
마리아는 겸손하게 순종했다

"주의 여종이오니;
말씀대로 내게 이루어지이다"하매

천사가 떠났다

마리아가 엘리사벳을 방문하여 문안하였을 때
엘리사벳은 성령으로 충만하여 큰 소리로 외쳤다

"여자 중에 네가 복이 있으며
네 태중의 아이도 복이 있도다!"

내 주의 어머니가 내게 오다니
이 어찌 된 일인가?

보라, 네 문안하는 소리가 내 귀에 닿자,
내 태 속에 있는 아기가 기쁨으로 뛰놀았도다"

마리아가 복이 있다는 것은

말씀은 세상에서 가장 서슬퍼런 검

구세주의 어머니라는 특권이 아니라
성령잉태라는 전무후무한 말씀을 믿었기 때문이다

“주께서 말씀하신 것이 이루어질 것을
믿은 그 여자에게 복이 있도다”

죄로 죽을 비참한 인생을 택하사
온 인류의 소망인 구세주의 어머니로 삼아주신
지극히 영광스러운 분께 드리는 마리아의 화답은

맑고 싱그러운 성령의 강물을 타고
뜨거운 감사가 시로 풀리면서
영혼의 송가에 닿을 수 있었다

"내 영혼이 주를 찬양하며
내 마음이 하나님 내 구주를 기뻐함은
그의 여종의 비천함을 굽어보셨음이라"

창조주가 피조물로 오시다니
이 얼마나 복에 겨운가

"보라, 이제 후로는 만세에
나를 복이 있다 부르리라"
신성이 인성을 입은 능하신 분은
거룩하시고 자비로움이 끝이 없어라

"능하신 분이 큰 일을 내게 행하셨으니
거룩함이 그 분의 이름이며
긍휼하심이 두려워하는 사람들에게

대대로 이르는도다"

그 분은
세상권세를 쥐고 당신을 대적하는 자들을 치시고
지배체제로 눌린 사람들을 위해서 싸우신다

"그 분의 팔로 힘을 보이사,
마음의 생각이 교만한 자들을 흩으셨고,
권세있는 자들을 권좌로 부터 내치셨으며
낮은 사람들을 높이셨고;
배고픈 사람들을 좋은 것으로 배부르게 하시고
부요한 사람들은 빈 손으로 돌려보내셨도다"

마리아의 노래는 빛살 튀는 빛창이었다

말씀을 잉태한 여인

예수의 탄생은
세상에 대한 하나님의 도전이었고

가장 큰 도전은
세상세력으로 손과 발이 박힌 채

온 몸으로 말하는피 흘리는 사랑이었다

마리아는
말씀이신 하나님의 아들을
잉태한 순결한 그릇이었고

구유에서 십자가까지
그 분의 말씀을
소중하게 가슴에 간직한
성령이 숨쉬는 성전이었다

칼끝의 이슬 같은 절창으로
말씀 앞에
무릎 꿇게 하는
님의 노래 담은 가슴이었다

(1)이 시의 무대는 누가복음 1장
(2)마리아는 히브리말의 미리암 즉 마담이란 뜻이겠지만
높여진 자, 하나님을 기쁘게 하는 자, 아름답다라는 뜻이 있다
(3)예수는 하나님의 구원이란 뜻

귀향

늘 마음에 도는 싯귀가 있다

"내 고생 하는 것 옛 야곱이
돌베개 베고 잠 같습니다"

야곱의 이야기는 읽어도 읽어도 물리지 않는
고달픈 영혼의 만나다

그는 간교하고 끈질긴 집념의 사람이지만
하나님의 축복으로 거부가 된 입지전적 인물이다

그의 이야기는 바로 우리의 자화상이다

거기에는 하나님의 은총과 생명이 있고
인간의 허무와 절망이 있다

그의 파란만장한 생애는
우리 민족의 험악한 세월(창 47:9)이다

야곱은 뱃속에서 부터 쌍둥이 형 에서와 치고 받아
리브가는 하도 괴로워 하나님께 하소연 했더니
주께서 응답하셨다

“두 민족이 네 태 안에 있고,
네 태 안에서 두 백성이 나뉠것이다;
한 백성이 다른 백성보다 강하겠고
형이 동생을 섬길것이다”(창25:23)

두 형제는 한 쌍 이지만 물과 기름이었다

형의 발꿈치를 잡고 나온 야곱의 손은 펼 줄을 몰랐고
장막을 지키며 양 떼를 돌보는 조용한 성품이라
리브가가 사랑했고

에서는 산과 들을 헤치며 짐승을 잡는 사냥꾼으로
사냥해 온 고기를 이삭의 입 안에 넣어줌으로
그의 고기에 맛들인 아버지는 에서를 사랑하였다

하루는 파김치가 된 에서가 들에서 돌아오는데
야곱이 죽을 쑤는 냄새가 장막 문까지 마중 나왔다
시장기가 작동한 에서가 야곱에게 붉은 죽을 청하자
성급하고 단순한 형의 성격을 잘 아는 동생이

먼저 장자권을 팔라고 요구하자

경솔하게도 에서는

내가 죽게 된 마당에 이 장자권이
무슨 소용이 있느냐며 호언 장담했지만
야곱이 맹세를 다그치자 그에게 맹세하고
장자 상속권을 동생에게 팔아 넘김으로

"한 그릇 음식을 위하여 장자의 명분을 판
망령된 자"(히 12:16)가 되었다

실제 야곱이 장자권의 흥정에서 손에 쥔 것은 없으나
그가 원하는 것은 아버지 이삭의 축복권이었다

이삭이 나이 많아 눈이 어두워지자
맏아들 에서를 불러

"내가 이제 늙어 어느 날 죽을는지 알지 못하니
그런즉 네 무기인 화살통과 활을 가지고 들에 가서,
나를 위하여 사냥하여,
내가 좋아하는 맛있는 음식을 만들어
내게로 가져와서 먹게 하여

내가 죽기 전에 네게 축복하게 하라”(창 27:2~4)

이 이야기를 엿들은 책략가 리브가는
사랑하는 야곱이 축복을 받을 수 있도록
치밀하게 전략을 꾸민다

리브가 각본의 무소불위의 사랑이었다

눈 먼 사람은 냄새에 예민하기 때문에
에서의 좋은 의복을 가져다가 야곱에게 입혀
에서의 냄새가 나게 하고

야곱의 매끈 매끈한 살결을 가리기 위해서
염소 새끼의 가죽을 그의 손과 목에 감아
에서의 털처럼 분장했고

자기가 만든 별미와 떡을 에서가 요리한 것처럼
야곱의 손에 들여 아버지 이삭에게 보낸다

아니나 다를까

야곱이 자신을 에서라고 속였을 때
눈 먼 아버지는

"네가 어떻게 이같이 속히 잡았느냐?" 물었고
"아버지의 하나님 주께서 나로
순조롭게 만나게 하셨음이니이다"(창 27:20)하고
하나님의 이름까지 팔아 거짓말을 함으로
야곱은 속이는 자의 대명사가 되었다

이삭은 야곱의 음성은 구별하였으나
손은 에서와 같이 털이 있으므로 분별하지 못하고
옷의 향취로 에서인 줄 알고 축복하였다

"내 아들의 향취는
주께서 복 주신 들의 향취로구나

하나님께서 하늘의 이슬과
땅의 기름짐과 풍성한 곡식과
포도주를 네게 주시기를 원하노라

뭇 백성이 너를 섬기고,
뭇 족속이 네게 엎드리리라

네가 형제들의 주가 되고
네 어머니의 아들들이 네게 엎드리리라

너를 저주하는 자는 저주를 받고
너를 축복하는 자는 축복을 받으리라!"(창 27:27~29)

가슴 떨리는 축복의 약속을 움켜쥔 야곱이 나가자
간발의 차이로 에서가 별미를 가지고 들어 왔으나

야곱의 술수로 축복을 빼앗긴 것을 알고는
방성대곡하며 복을 빌어 주기를 간청했으나

아버지는

"네 주소는 땅의 기름짐에서 멀고,
하늘 이슬에서 멀 것이며

너는 칼을 믿고 살 것이고
네 아우를 섬길 것이다
그러나 네가 쉼 없이 힘을 기르면
너는 그의 멍에를 네 목에서 던질 것이라"(창
27:39~40)했다

격분한 에서가 야곱을 죽이려 결심하자

리브가가 야곱을 불러

"네 형 에서가 너를 죽여 그 한을 풀려하니
내 아들아 내 말을 따라 일어나 하란으로 가서
내 오라버니 라반에게로 피신하여
네 형의 노가 풀리기까지
몇 날 동안 그와 함께 거주하라"(창 27:42~44)했다

그녀는 사랑하는 아들을 자기 품 안에서 내어 놓아야 했고
이것이 야곱과의 마지막이 될 줄이야 누가 알았으랴

그녀는 자신의 죽음은 휘두를 수 없었다

정작 곡할 때가 가까울 줄 알았던 이삭은
이후에도 43년을 더 살았으나
"몇 날" 일줄 알았던 이별은 20년이나 걸려
그 오랜 세월을 슬픔 속에 지내야 했고

에서는 원한과 증오의 칼을 갈며
칼의 힘으로 한 맺힌 생을 지탱하였다

야곱은 개나리 봇짐을 메고
밧단아람의 외삼촌 라반을 찾아
하란으로 향하여 가던 여로에서

해 떨어지고 곤하여
풍찬노숙으로 돌베게 베고 자는데

꿈에 하나님께서

"내가 너와 함께 있어
네가 어디로 가든지 너를 지키며
너를 이끌어 이 땅으로 돌아오게 할지라
내가 네게 말한 것을 다 이루기까지
너를 떠나지 아니하리라"(창 28:21)고 약속하셨다

야곱은 깨어 일어나 그 곳을 벧엘이라 하였고

"내가 평안히 아버지 집으로 돌아가게 하시면
주께서 나의 하나님이 되실 것이요"(창 28:21)하며
서원 기도를 했다

길 가다 라반의 소식을 묻던 중
우물가에서 그의 딸 라헬과 마주쳐
심장이 멎는 사랑에 빠졌고

그녀를 얻기 위해 7년 동안 라반을 섬기기로 했으나
거짓말을 물 마시듯 하는 사람과 맞걸려

야곱은 14년이나 무보수로 머슴살이 하였다

눈 먼 아버지를 속인 야곱은
눈을 뜨고도 첫날 밤에
동생 라헬 대신 언니 레아로 바꿔치기 한
교활한 라반에게 속았고

그는 잔인하게도 라헬을 이용하여
7년의 노동력을 더 착취하였으니
야곱은 고뇌가 밥이었고

두 자매는 여종들 까지 동원하여
한평생 아들 낳기 경쟁에 시달리게 된다

라헬이 요셉을 낳자
야곱은 처자 권속을 데리고 고향 땅으로 가려 하자
탐욕스런 라반이 만류하며 품삯을 정하라고 붙든다

야곱은
양과 염소 중에서 점 있는 것과 아롱진 것을 가려낸 후
나머지 같은 색을 가진 것만 키울 것이며
거기서 점 있는 새끼와 아롱진 새끼가 나오면
그것을 자기의 품삯으로 하자고 했다

라반의 속셈은
같은 색의 양과 염소를 치게 될 경우
얼룩덜룩한 새끼가 나올 수 없으므로
야곱이 손해라고 생각하여
재빨리 이 제안을 받아들였다

그러나 이 제안은
하나님의 바라봄의 법칙(창13:14,15)에
뿌리를 둔 것이었다

야곱은 푸른 가지의 껍질을 벗겨 흰 무늬를 내어
양 떼가 와서 마시는 개천에 튼튼한 양이면
그 눈 앞에 무늬를 낸 가지를 세워 새끼를 배게 하여

실한 양마다 얼룩덜룩한 새끼와
점이 있고 아롱진 새끼를 낳으므로

그는 큰 부자가 되어
양 떼와 노비와 낙타와 나귀가 많았다

한낮의 혹서와
한밤의 혹한을 무릅쓰고

사랑을 위해 14년
양 떼를 위해 6년

20년을 숨가쁘게 일했지만,

라반이 품삯을 10번이나 바꿨지만,

야곱을 축복하신 분은 하나님이시다

그 분이 꿈에 야곱에게 말씀하시기를

"나는 벧엘의 하나님이라
네가 거기서 기둥에 기름을 붓고
내게 맹세하였으니
지금 일어나, 이 땅을 떠나서
네가 태어난 땅으로 돌아가라"(창 31:13)하셨다

귀향!

야곱은 라반에게 알리지 않고 몰래
처자들을 낙타에 태우고 가축 떼를 이끌고
아버지가 있는 가나안 땅으로 떠난다

3일 만에 라반이 이 사실을 알고서
그의 친족을 거느리고 7일 간을 쫓아갔더니

밤에 하나님이 꿈으로 오셔서

"너는 삼가 야곱에게
선악간에 말하지 말라"(창 31:24)고
격노한 라반에게 경고하셨으므로
그는 야곱을 해치지 못했고

두 사람은 서로 넘어서지 않기로
돌 무더기 돌 기둥 앞에서
상호 불가침 조약을 맺었고
하나님이 증인이 되셨다

야곱은 그 산에서 제물을 드리고
친족들을 불러 잔치를 베푸니
그들은 먹고 거기서 하룻밤을 묵었고

라반은 이른 아침에 일어나
손자들과 딸들에게 입맞추고
그들을 축복하고는 집으로 돌아갔다

하나님은 이제 반백이 된 야곱에게
귀향 길을 열어 주시는가

그는 먼저 형의 노여움을 뇌물로 풀기 위해서
사자들을 보내어
소와 나귀와 양 떼를 선물로
은혜 받기를 원하다는
기별을 주었다

그러나 그들의 답은
에서가 사백 명의 장정을 데리고
오고 있다는 것이다

초죽음이 된 야곱은
생존의 전략으로
가축을 두 떼로 나누고

한 떼를 치면
한 떼는 피하리라 생각하였으나

어디로 피하겠는가

라반과 맺은 협정 때문에

뒤로 물러갈 수도 없고
앞으로는 무장한 무사들이 다가오고 있는데
연약한 가족과 무기 없는 머슴들과 가축을 이끌고
어디로 도망가겠는가

야곱은 하나님께 매달렸다

"내 형의 손에서,
에서의 손에서 나를 건져내시옵소서
내가 그를 두려워함은
그가 와서 나와 내 처자들을 칠까
겁이 나기 때문이니이다"(창 32:11)

야곱은 노심초사로 밤을 지냈고
선물로 에서의 마음을 녹여 보려고
엄청난 수의 짐승들을 골라내어
여러 떼로 나누어 종들의 손에 맡겨
얍복 나루를 건너가게 하되
각 떼로 거리를 두게 하여
뇌물 행렬을 효과적으로 펼치게 했고
에서를 만나거든 야곱이 드리는 예물이며
그도 뒤따라 오고 있다 하라고 명령했다

다시 밤이 되자
식솔들과 그의 소유도
얍복 나루를 건너가게 하고

야곱은 홀로 남아 밤새도록
돌파구를 모색하고 있는데

지나가는 바람이 귀에 속삭인다

아직도 네 머리를 굴리니?

야곱은 무심코 손을 저었는데
무언가 잡힌다

바람이 아니라 형체가 있다

그 형체가 야곱의 한 쪽 허리를 잡았다

그가 싸움을 건다

네가 부자가 된 것이
네 수단방법으로 된 줄 아니?

야곱도 그 형체의 한 쪽 허리를 잡았다

그도 야곱의 다른 쪽 허리를 잡고 반격한다

기세 등등한 라반을
네 힘으로 꺾은 줄 아니?

야곱도 그 형체의 다른 쪽 허리를 잡았다

둘은 서로 엉켜
밀고 당기고
엎치락 뒷치락
씨름판이 되었다

야곱은 막강한 실세와 싸웠지만
끈질기게 버티었다

드디어 그 실세가
야곱의 환도뼈를 쳐서
그의 고집을 꺾었다

그의 전략을 차단시켰다

불구가 되었으니 도망칠 수가 없다

그는 사나 죽으나 그 실세를
붙들고 늘어 질 수 밖에 없었다

날이 새려고 하자
몸체가 드러나는 천사가
놓아달라고 했지만

야곱은 자기에게 복을 빌어주지 않으면 보낼 수 없다고
하나님의 천사에게 끝까지 매달렸다

"그는 태에서 그 형의 발꿈치를 잡았고
장년에는 하나님과 겨루었다
그는 천사와 겨루어 이겼고
울며 그의 은혜를 구하였다"(호 12:3,4)

하나님이 가장 잘 들으시는 언어는 통곡이고

그 분께서 가장 잘 받으시는 예물은 상한 심령이다

절망 가운데서 울부짖는 기도가
하나님을 이기는 유일한 방법이었다

하나님께서 야곱에게 가장 큰 축복을 하셨는데
그것은 인격의 변화였다

속여서 움켜쥐는 자, 야곱에서
눈물과 회개로
하나님과 사람들을 겨루어 이긴 자, 이스라엘로
이름을 바꾸어 주셨다

사기꾼이 기도꾼이 된 것이다

야곱은 그 곳 이름을 브니엘이라 불렀으니

"내가 하나님과 마주보았으나,
내 생명이 보존되었기 때문이다"(창 32:30)

그가 브니엘을 지날 때 해가 떴고
넓적다리로 인하여 절뚝거렸지만

기도 끝나면 싸움은 끝난 것이다

야곱이 눈을 들어 보니
에서가 사백 명의 장정과 더불어 오고 있으므로
사랑과 안전을 최우선으로 배려한 작전을 폈다

최전방에 여종들과 그들의 자식들을 두고

완충지대에 레아와 그 자식들을 두고

후방에 사랑하는 라헬과 요셉을 두고

자기는 맨 앞에서
가장 낮은 자세로
일곱 번 땅에 엎드려 절하며
그의 형에게로 가까이 가니

에서가 그를 맞으러 달려와서
그를 부둥켜 안으며
그의 목을 끌어안고 그와 입맞추고
붙잡고 울었다

에서가 여인들과 자식들을 보고 묻자
야곱은 하나님께서 은혜로 주신 자식들이라고 했고

그 어머니들이 자기 자식들과 더불어
에서에게로 나아와 절했다

에서가 이 모든 가축 떼는 무슨 의미냐고 묻자

야곱은 내 주께 은총을 받고자 드리는 것이라고 했다

에서 앞에서 예물은 무색했다

"내 아우야, 나는 넉넉하니;
네가 가진 것은 네게 두라"(창 33:9)

극구 사양했지만 야곱이 강권하였다

"내가 형님의 눈앞에서 은총을 입었사오면
청하건대 내 손에서 내 선물을 받으소서
형님께서 저를 이와같은 은총으로 맞아주시니,
진실로 형님의 얼굴을 보는 것이
하나님의 얼굴을 뵙는 것 같습니다"(창 33:10)

에서는 깊은 감동으로 선물을 받았다

하나님께서는
살기등등한 에서의 마음을 풀어주셨고
용서하게 하셨고
사랑과 눈물로 한 몸 되게 하셨다

하나님의 얼굴을 구하는 것과

에서의 마음이 풀리는 것은 하나였다

야곱과 에서의 화해와
남 북 형제의 만남은
하나로 맞물려 있다

통일은
정치적인 문제도 아니고
경제적인 문제도 아니고
군사적인 문제도 아니고
하나님과의 문제다

우리 민족이 살 수 있는
유일한 길은
회개의 눈물로
하나님의 얼굴을 구하는 것이다

교회는
교권과 교파를 초월하여
그 분의 성령으로 하나 되야 하고

주님의 젖은 손을 잡고
기다림의 한계를 지나

많은 생명을 구원의 길로
인도해 내야 하리라

귀향

우리는 얼마나
고향 땅을 향해
돌베개를 베고 누웠던가

우리는 얼마나
두고 온 부모 형제를 위해
뼈저린 기도를 했던가

돌아가야 해

한낮의 목마름과
한밤의 쓰라림을 지나

긴 인고의 강으로
일렁이며 가야 해

긴 이별이 물살쳐

사무치는 강가에서

천천의 우 양 보다
형제의 얼굴을 구해야 해

만만의 금 은 보다
하나님의 얼굴을 구해야 해

마음의 장벽은
그 분의 힘으로만 무너져

돌아가야 해

야곱의 얍복강 같이
임진강 건너가야 해

구원의 강물은 고난의 땅으로 흘러

구원의 강물은 저미는 가슴으로 흘러

돌아가야 해

일흔번씩 일곱번이라도

땅에 엎드려

울며
기도하며 가야 해

절며
찬송하며 가야 해

한민족의 귀향은 언제런가

사랑의 절규

말씀의 잔에
온 마음을 기울여
시를 따르던 다윗이

주님의 말씀을 무시하고
그 분 앞에서 악을 행하여

헷사람 우리아를 암몬 자손의 칼로 죽이고
그의 아내 밧세바를 자신의 것으로 빼앗자

주께서 선지자 나단을 보내시어 재앙을 선포하시기를
"칼이 네 집에서 영영 떠나지 아니하리라"(삼하12:10)

"보라, 내가 네 집에서 너를 대적하는 악을 일으키고
네 앞에서 네 아내들을 데려다가 너와 가까운 사람에게
주어서 그가 대낮에 그들과 누울 것이다
너는 은밀히 행하였지만 나는 온 이스라엘 앞에서,
대낮에 이 일을 할 것이다"(삼하12:11,12) 하셨다

이 때부터 다윗은 자신의 욕망으로 뿌린 죄악의 씨를
아들들의 패륜을 통해서 거두어 들여야 했으니
"사람이 무엇으로 심든지 그대로 거둘 것이다"(갈6:7)

밧세바와 불륜으로 낳은 아이는
다윗의 금식과 철야 기도도 허사로
7일 만에 모진 이별을 했고

큰 아들 암논이 이복 여동생 다말을 범하고 내쫓자
셋째 아들 압살롬은 세상의 모략에 능한 자라
자신의 친누이에게 행한 불의를 빌미로 암논을 살해하여 유력한 왕위 계승자를 제거해 버렸으며

한 편으로는 쿠테타를 준비하여 왕위를 꿈꾸며

왕께 재판을 청하러 오는 사람들을 불러
각각의 편을 들어 왕의 행정을 비난하며

정의의 미명 아래 자신의 지지세력을 결집하고
탈 권위주의를 표방하여 이스라엘 사람의 마음을 현혹하였다

다른 편으로는 정치적인 고향 헤브론에 가는 목적이

하나님께 서원제를 드리기 위함이라고

왕 앞에서는 충성을 가장하여 허락을 받아내고는
돌아서서는 왕의 모사 아히도벨을 영입해 거사를 일으킨

압살롬은 세를 과시하며 예루살렘으로 입성하나
다윗은 손바닥을 뒤집는 민심을 뼈저리게 느껴야 했다

아들이 아버지에게 칼을 들이댄 상황에도
인심은 다윗을 저 버리고 압살롬에게로 돌아선지라

왕은 가족과 신하들을 데리고 정처없이 피난 할 때
머리를 가리고 슬피 울며 맨 발로 걸어
주께 죄를 범하였음을 고백하였으며

패자로서 시므이의 저주와 돌세례를 받을 때에도
그를 하나님의 대변자로 용납하였고

희대의 모사꾼 아히도벨이 압살롬과 함게 함을 듣고는
그의 모략을 어리석게 해 주시기를 기도하고

이 모략가를 견제하기 위해 자기의 친구 후새를 예루살렘
으로 위장 전향 시킴으로 모사들의 대리전이 되었다

아히도벨은 부자간의 관계를 돌이킬 수 없도록 하고
아들이 대세임을 과시하기 위해서 책략을 세웠다

하나님의 심판은 그의 간계에 내려졌으니

사람들이 압살롬을 위해 왕궁 지붕 위에 장막을 쳤고
아들은 이스라엘 사람들이 보는 앞에서 아버지의 후궁
들과 동침함으로

그의 계략은
"사람이 하나님께 여쭈어서 받은 말씀과
꼭 같이 여겨졌다"(삼하16:23)

압살롬이 왕위를 찬탈한 것처럼 보이는 순간에
그 분의 반전은 시작되었다

아히도벨은 1만 2천명의 정예군으로
기운이 진한 다윗을 급습하여
왕만 살해하고 모든 사람은 돌아오게 하겠다는
일거양득의 현명한 전략을 세웠으나

후새는 다윗에게 시간적 여유를 주기 위해서
온 이스라엘을 바닷가의 모래 같이 불러모아 거느리고

앞서서 나가도록 압살롬의 허영심을 한없이 부추기며

이슬이 땅에 내림 같이 다윗과 그의 모든 사람을 덮거나 그가 성에 있으면 밧줄로 성을 묶어 강으로 끌어들여 섬멸하겠다는 감언이설의 허황된 전략을 세웠어도

압살롬과 온 이스라엘은
후새의 소모전을
아히도벨의 실리전 보다 선호하니

이는 "주께서 압살롬이 재앙을 당하게 하시려고
아히도벨의 좋은 모략을 좌절시키도록 정하셨기 때문이다"(삼하17:14)

후새가 첩보망을 펼쳐
다윗과 따르는 백성들로
밤새도록 요단강을 건너게 하니

아히도벨은 전쟁의 참패를 내다보고 고향에 돌아가 자살했으나 다윗은 무사히 압살롬에 앞서 마하나임에 이르고

압살롬은 아마사로 사령탑을 삼아 위용을 떨치며 진두

지휘하나 다윗은 성읍에 남아서 요압과 아비새와 잇대의 삼두체제로 나누어

이들에게
"나를 위하여 젊은 압살롬을 너그러이 대우하라"(삼하 18:5)고 자신을 죽이려 오는 아들을 해치지 말 것을 명령한다

요압은 탁월한 전략가라 적을 험난한 산야로 유도하여 싸우니 압살롬의 군대는 다윗의 부하들에게 패하여 전사자가 이만 명인데 그 날 칼 보다 숲이 더 많은 사람을 삼켜 버렸다

압살롬도 다윗의 부하들과 마주쳐 피하려는 순간
그가 자랑하는 탐스러운 금발의 긴 머리채가
큰 나뭇가지에 엉키매 타고 있던 노새는 달아났고
그는 허공에 대롱 대롱 매달리게 되었다

이 소식을 들은 요압은 즉시 달려가
세 개의 창으로 압살롬의 심장을 찔렀더니
허망한 생이 사위어 가는데

요압의 부하 열 명이 그를 에워싸고

암논처럼 무자비하게 쳐죽이니

패륜아의 육신은
진노의 그릇인가

온 이스라엘에서 아름다움으로 명성을 떨치고
정수리부터 발바닥까지 흠이 없는 자가
땅 바닥에 떨어져 무참하게 짓밟혔다

죄악의 끝에 무엇이 걸릴지도 모르고
압살롬은 멋에 살다 멋에 죽었다

철부지는 아버지의 죄값이런가

죄악의 탯줄은 죽음이런가

찢어지는 아픔으로 아버지는 울부짖는다

"내 아들 압살롬아,
내 아들, 내 아들 압살롬아!
내가 네 대신 죽었더라면
압살롬, 내 아들, 내 아들아!"(삼하 18:33)

대신 죽고 싶지 않은 아버지가 어디 있으랴

사랑의 절규

님의 발길이 머무는 곳에는
그림자처럼 애통하는 사람이 있고

맘이 무너지는 곳에는
버팀목처럼 님의 가슴이 있다

다윗이 자신의 죄로 연루된
아들의 죽음을 통곡할 때

죄인 대신 아들을 죽게 하신 분의
사랑의 절규와 뜨겁게 만난다

절규 없이 사랑할 수 있겠는가
통곡 없이 십자가를 질 수 있겠는가

물과 피가 섞이는 통곡의 강에
단장의 슬픔이 뚝 뚝 떨어져
신과 사람이 하나로 출렁인다

□내가 이새의 아들 다윗을 만나니 내 마음에 합한 사람이라(행 13:22)

하늘나라가 의를 위하여 고통받는 사람들의 것이 아니라면 하나님은 불의한 하나님일 것이다

고백

실력없는 의사일수록
병은 못 고치면서
환자에게 고통만 주어
이중고로 시달리게 한다

12년 동안 생명을 잃어가던 한 여인이
의사에게 고쳐 보려고 가산마저 탕진하였지만
아무도 하혈병을 고칠 수 없었고
많은 의사에게 많은 괴로움을 당해
병만 점점 깊어가던 때에
만병의 대의사인 예수의 소문을 듣고 믿음이 생겼다

그 분께 마음이 끌리고 생각이 흘렀다
그 분의 인격에 대한 신뢰로
온 몸과 마음이 다가서며

"그의 옷만 만져도 나을 것이라"(막5:28)고 생각했다

그러나 이 병은 불결한 병이라

사람들 앞에 나갈 수 없었고
그 병을 지닌 자와의 접촉 역시 부정을 초래함으로
그녀는 모든 사람에게 소외 당했고
예수만이 유일한 소망이 되었다

그녀는 밀고 밀리는 무리 가운데 계신 예수께로
격렬한 통증이 엄습하는 배를 움켜쥐고
오랜 하혈로 인한 빈혈로 쓰러지고 넘어지며
사력을 다해 그 분께로 다가가 옷을 만지니
즉시 출혈이 멈추고 몸이 나은 것을 느꼈다

동시에 예수께서도 능력이 자신에게서 나간 것을 아시고
이 일 행한 여자를 보려고 둘러 보시니

여자가 그 분의 놀라운 능력과 통찰력 앞에 두려워 떨며
그 앞에 엎드려 모든 사실을 고백하였다

이 여인은 고침을 받은 후
몰래 무리 속으로 빠져 나가려 했으나

예수께서 여인으로 고백하게 한 것은
부끄러운 병을 가진 보잘 것 없는 사람도
하나님의 능력으로 고침을 받을 수 있고

관심과 존중을 받을 가치가 있음을
군중으로 깨우쳐 약자의 인권을 유린하는
사회적 규례를 깨뜨리기 위함이었고

여인으로 하여금
병을 고친 것은
옷을 만져서가 아니라
하나님의 능력을 믿는 믿음과
전능자의 딸이기 때문임을 가르쳐
자긍심을 갖게 하기 위함이었다

"딸아, 네 믿음이 너를 낫게 했으니
평안히 가라
네 병에서 놓여 건강할 지어다"(눅5:34)

그녀는 몸의 건강과 영혼의 평안 속으로
말씀의 옷자락을 붙들고 들어갔다

고백

생각하며 내리는 가을비처럼
당신의 말소릴 듣노라면

믿음이 물결처럼 스며들어

당신께로
마음이 젖고
생각이 흘러

온 몸으로 다가가
당신 발 아래 무릎을 꿇었고
옷 자락에 이슬이 맺혔을 때
병든 몸이 고침을 받았습니다

당신의 말씀 말씀을
믿음으로 딛고 섰을 때
능력을 받았습니다

당신의 고통 속에는
능력의 원천이 있어
믿음의 두레박으로 길어 올렸습니다

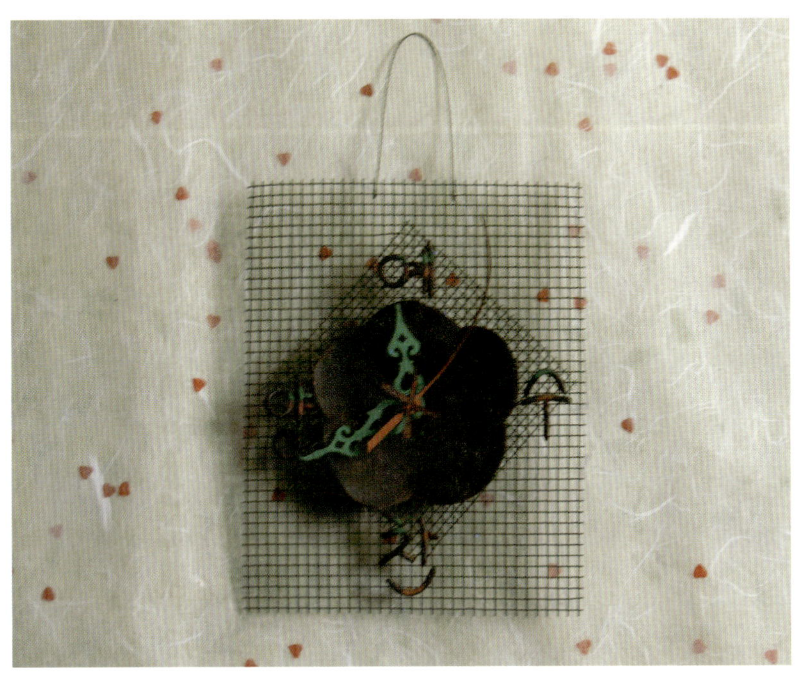

당신은 내 이름을 생명책에 새기셨고
나는 당신의 이름을 뼈에 새겼습니다

라보니

주님보다 더 사랑하는 것이 있었기에
제자들은 나무 형틀을 등졌다

주님보다 더 생각하는 것이 있었기에
제자들은 가시 면류관을 피했다

주님 생애에
가장 고독했던 자리
가장 고통스럽던 자리를
그림자처럼 따르던 사람들은
주님을 전심으로 사랑했던 여인들이다

일곱귀신에 잡혔던
막달라 마리아는

자신을
사탄의 사슬로 부터 풀어주신
주님을 지극히 고이고

갈릴리에서 골고다 까지
십자가의 형장에서 돌무덤의 침묵 까지

마지막 핏방울 까지
마지막 절규 까지
마지막 숨결 까지 섬겼다

마지막 시신 까지 거두려 했으나

돌무덤은 열렸고
시체는 간 곳이 없다

속절없이 무너지는 마음

무덤 속을 보고 또 보아도
처절한 모습은 간 곳이 없다

주여!

주여!

슬픔에 빠져 울어예는 님의 무덤

"마리아야"(요20:16)

꿈결같이 들려오는 주님의 음성이
자신을 돌이킨다

주님이시다

분명 죽으셨다가
다시 살아나신 주님이시다

가슴 속에 품었던 사랑이
벚꽃처럼 터지며 온 몸으로 피어난다

"라보니!"(요20:16)

눈부신 환희

또 다시 어둠의 세력에 잡힐까봐
빛이신 주님의 발을 잡으려하나
서늘한 주님의 음성이 막았다

"나를 붙들지 말라
내가 아직 아버지께로 올라가지 아니하였노라

내 형제들에게 가서
내가 내 아버지 곧 너희 아버지,
내 하나님 곧 너희 하나님께로 올라간다 말하라"(요20:17)

님의 어진 눈빛에 한 편의 시가 서린다

딸아,
너는 기억하렴아

나는 네 안에 들어가 꽃이 되었고
너는 내 안에 들어와 눈물이 되었다

내가 너를 사랑하듯이
나는 너의 형제들도 사랑한다

내가 너와 항상 함께 있듯이
나는 너의 형제들과도 항상 함께 있다

나와 내 아버지가 하나이듯이
우리와 너희도 하나다

말하지 않아도 들리고
쓰지 않아도 보이는

사랑의 나라는 얼마나 아름다운가

라보니

라보니,

우러러 뵈오면
눈부셔 눈 못뜨는

당신은 부활
죄값을 치른 부활입니다

라보니,

머무시던 자리마다
핏물 번지는

당신은 생명
피로 산 생명입니다

라보니,

부르면 목이 메이고
생각하면 별이 만발한

당신은 사랑
죽음과 맞바꾼 사랑입니다

당신은
죽기위해서 오신 것이 아니라
영원히 살기 위해서 죽으신
만인의 생명입니다

물기 어린 손

곤고한 날들이 섞임은
생각케 하려 하심인가

목욕을 하고 나니 손바닥이
호두 껍질 같이 되어있었다

전에도 이런 일은 가끔 있었기에
예사롭지 않게 여겼으나

웬걸 회복되었다 가도 물만 쓰면
다시 호두껍질의 반복이다

피부과에 가보니 주부습진 이라는데

언제쯤 완치 되느냐고 물으니
손에 물을 안쓰기 전에는 완치는 없다고 한다

'막말로 지금 기브스라도 하고 있다면 낫지만
주부가 물을 쓰는데 어떻게 고쳐요?'

나도 속으로 되받아 쳤다

'하나님이 함께 하시는데 왜 못 고쳐요'

요즈음은 목욕하는 시간이
혼신으로 기도하는 시간이고
지혜가 만개하는 시간이다

물이 생명인데
손에 물기없이
살 수 있겠는가

일일이 고무장갑을 끼기도 번거롭지만
삼십분 이상을 끼면 해로워 벗어야 하고
이물질 과의 잦은 접촉으로 삶이 사막같다

손에 습진 크림과 연고를 바르면 끈적거려
오랫동안 선풍기에 고뇌를 말리며

그동안 여리고 섬세한 손으로
마음껏 물만졌던 기쁨을
감사할 줄 몰랐던 것과

손이 없어 불편을 겪는 장애우들에게
도움이 되지 못한 것을 회개한다

인생의 굽이 굽이 손잡아 주셨건만

질병의 고비 고비 일으켜 주셨건만

무엇으로 보답했던가

장애우의 고통과 상처를 닦아주는
주님 손의 서러운 물기가 가슴으로 번지고

그 분 주신 아들 손의 흥건한 땀방울도
눈물샘으로 고여 이슬비로 내린다

서로 도우며 사는 곳에
사랑의 강물은 흐르고
생명의 물기는 어린다

우리는 저마다
질병이 있고
장애가 있으나

질병도
장애도
님의 품이다

물기 어린 손

인생은 저 혼자서
완성되지 못한다

도움을 받아야 살 수 있고
도와 주어야 바로 살 수 있지만

죽음은 누구도 도와줄 수 없고
함께 해 줄 수 없어

인생은 고독하다

생명의 바다도
죽음의 사막도

님의 손안에 있어

인생은 기도 밖에는 길이 없다

한 줌 흙으로 누울 질그릇인지라
흙 속에 영생의 씨를 심으셨으니

물기어린 손이 거두어 주셔야
한 벌 뿐인 육신을 벗고
영혼으로 돌아갈 수 있다

서평

생명에 대한 은혜로운 사유

(김상길 국민일보이사, 시인)

정연홍 시인은 모성애적인 언어로 생명을 성찰하고 노래하는 시인이다. 정 시인의 관점은 생명의 회복에 있다. 정 시인은 두 가지 장점을 가졌다. 시대와 사물을 표피적이 아닌, 근원적으로 바라보는 영성의 시각과 그것을 섭리로 재해석하고 순도 높은 예술적 언어로 조탁하는 기술이다. 그것은 창조주께서 시인에게 주신 달란트며 은혜다. 정 시인의 관점은 생명이다. 시인은 창조주께서 주신 남다른 눈으로 세상을 조망한다. 그리고 모든 생명이 회복되기를 간구한다. 장애우의 고통에서부터 분단의 고통에 이르기까지 시인은 모든 고통을 모성애적인 언어로 감싸안는다.

이 시대에 왜 시가 있어야 하나, 그 물음에 대한 답변이 정 시인의 시가 될 것이다. 시가 단순히 음풍농월(음풍농월)에 머문다면 그야말로 언어유희에 지나지 않을 것이다. 그러나 정 시인은 마치 혼란스럽고 패역한 시대, 하박국 선지자가 고뇌하며 '말씀' 을 대언하듯 그렇게 시대를 껴안으면서 시대와 함께 아파하며 재해석한 말씀을 풀어내는 것이다. 그것은 8센티의 누에가 154킬로미터 넘는 명주

실을 뽑아내는 것처럼 온 영혼을 던져 생명의 회복, 그 아름다운 시를 뽑아내는 것이다

하박국이란 뜻은 "포옹하다, 껴안다"라는 의미다. 정 시인은 시대와 상처받은 사람들을 껴안는다. 하박국은 예언을 시작할 때부터 질문성, 울분성 호소를 한다. 사람이 답답하면 질문하게 되어있다. 그런데 로버트 포프의 말은 우리에게 큰 희망이 된다. 그는 "하나님은 처음부터 은혜를 주시지 않는다. 하나님은 질문하게 한 다음 은혜를 주신다"라고 말했다. 답답한 마음에 괴로움을 토로하며 질문한 하박국은 결국 "의인은 믿음으로 말미암아 살리라"는 기독교에서 가장 중요한 주제가 된 고백을 한다. 정 시인의 시를 읽고 있으면 하박국 선지자가 생각난다. 시대와 현실을 아파하는 시인은 결국 믿음을 고백하며 이 믿음을 모든 이들과 함께 공유하기를 바라는 것이다.

모든 것이 그렇듯 본질과 외형이 중요하다. 생명의 회복을 꿈꾸는 시인은 그것을 아름다운 종교적 언어, 완성도 높은 시 언어로 표현한다. 이것이 정 시인의 달란트다. 내적인 의미(사상)와 더불어 예술적인 표현성을 함께 갖춘 시인을 만난다는 것은 독자에게 있어서 큰 행복이다. 그런데 정 시인은 우리에게 행복을 확인시켜 주는 존재다.

특히 에스더와 룻과 다윗 등을 노래한 성서의 인물들을 조명한 시들은 뛰어난 문학성과 함께 한편의 시요, 단상이요, 설교요, 노래들이다. 이 시들을 읽고 있으면 '언어 부흥회' 에 와 있다는 느낌을 받는다. 또한 정 시인은 시 말미에 성경 구절을 담아 읽는 이들에게 은혜를 제공하고 있다. 시를 읽은 다음 성경 말씀을 읽으면 더 깊은 영감을 받는다.

앞으로 정 시인이 '빈사의 백조' 처럼 최후 의식을 갖고 더욱 많은 영성과 사랑이 깃든 노래를 불러 이 시대를 위로하고 상처입은 이들을 위로해 종교시, 믿음의 시의 영역을 확대 해 주었으면 좋겠다

님께 드리는 아름다운 진주 시

(이영지 문학박사, 명지대교수)

씨실과 날실로 엮어진 견고하고도 부드럽고 거대하고도 섬세한 정연홍의 시를 밤을 새워 읽고 있습니 다. 그것은 님의 아름다운 얼굴을 보는 일입니다. 정연홍 시인의 님은 사랑덩어리이신 예수님을 바라보며 별의 눈물을 쓰는 시입니다.

정 시인이 하나님을 님으로 품고 산 생이었기에 십자가의 길도 아름다운 기다림과 그리움의 길입니다.

님은 정 시인이 엮는 삶처럼 고운 진주 시입니다

선달 그믐날에 그리운 어머니의 그리움보다 더한 긴 길을 엮어놓은 시집이 되도록 정 시인의 시집은 사랑의 힘으로 엮어졌습니다.

정연홍 시인은 꿈길 같은 물길로 걸어가고 있습니다. 생명수를 길어서 몸에 지니고 님의 길을 따라 가고 있습니다. 시를 위한 기도의 길이 되기에 숨 막히도록 황홀한 예루살렘으로 입성하는 어린 나귀의 등에 앉은 님을 위해 찬양의 꽃가지를 펴 드립니다.

정 시인님의 씨줄과 사랑의 날줄이 아름답게 수놓듯 하

나로 묶이는 길에 서소서.

아름다운 선물을 바치는 마음이 수 놓여진 길에 시 마을을 열어놓고 밤을 설치며 엮어가는 백합꽃 같은 당신이여! 한 장의 스카프가 해맑은 보랏빛으로 엮일 때까지 밤을 새우며 살갑고 부드러운 길을 열어 놓으소서!

님이여! 사랑의 심장을 열어놓으소서!

강물이 굽이굽이 굴러가는 고향 길에 들어서자마자 고향 내음으로 풍기어 오는 님!

피곤한 몸으로 들어서는 님의 발을 씻겨드리리다. 진리와 은총이 고향집에 넘치도록 은하수로 수를 놓으리다. 님이 머무시는 식탁을 마련하리이다.

그대의 깊은 순종의 도를 따라 포근히 보아주는 그대를 위해 사랑의 별빛 보자기를 펴리다.

님이여! 별의 눈물이 흐릅니다. 금 지팡이를 내어밀면 제가 받으리다. 하늘 보좌를 적신 생명싸개로 싸 주시는 이여!

하늘 바람이 불어와 win win 외쳐주나이다.

슬기의 빛으로 오시는 이여! 별빛싸개로 막아 사슴 섬에 두고 온 마음도 펴 드리리다. 몽당 빗자루가 되도록 마당을 쓸어 드리리다. 연락선을 타고 가는 사슴 섬을 바라보면서 푸른 파도에 눈물바다가 되나이다.

님이여! 궁창의 별과 같이 빛나나이다. 사슴눈물을 흘리다가 눈이 아름다운 여인이 되겠나이다. 겉옷에 덧댄 천국 소망을 기워 아름다운 손으로 감사패를 만들겠나이다.

숯덩이 된 사랑의 문을 열겠나이다.

부스러기를 먹겠나이다. 타작마당에 가득한 은총으로 받겠나이다. 밤이 맞도록 맑은 눈물을 흘리겠나이다. 꿈같은 세월을 온통 주님으로만 찾나이다. 사랑의 향유를 뿌리나이다.

긴 머리털로 사랑의 나올을 엮으리다. 향기로운 약속에 눈멀어 푸른 과실의 큰 눈물샘으로 엮어드리리다. 님이여!

귀향길에 섰나이다. 돌 목걸이를 하고 조약돌의 이야기를 듣나이다.

은은한 빛이 들어오는 그리고 잔잔한 구름이 흐르는 파

릇한 나뭇가지며 정다운 새가 깃들어 밤낮으로 듣나이다. 사랑의 궁전을 엮은이여!

한권의 일기장을 들치며 새벽별이 뜰 때까지 비가 오면 비에 젖고 눈이 오면 눈사람 되는 당신이여! 두고 간 더운 심장을 열어보나이다. 온 누리에 향기로 꽃 그릇으로 주신 생명을 담나이다. 돌베개가 포근한 시간입니다. 귀향길이니까요. 장자권을 얻었으니까요. 내 아들의 향취는 주께서 복 주신 들의 향취로구나 하시니까요. 한낮의 목마름도 한밤의 쓰라림도 달콤한 약입니다.

사랑의 절규입니다. 이스라엘의 집입니다. 아들아! 아들아! 대신 죽고라도 너를 살리고 싶은 내 아들아!

통곡의 강이 깊습니다. 버팀돌처럼 선 님의 가슴이 무너지듯이 일렁입니다.

만세에 나를 복이 있다하나이다.
빛살 튀는 빛 창으로 노래드리나이다.
순결로 말씀을 잉태하나이다.

12해 앓는 혈루증도 깨끗이 나았나이다. 가을비의 고백이 내리나이다. 믿음의 두레박을 올리나이다. 돌무덤을 여나이다. 별이 만발한 밤을 사랑으로 죽음을 맞바꾸나이다.

물기어린 손으로 한 벌 뿐인 옷을 닦나이다.